W0366563

SAMEDI PROCHAIN À AUTEUIL

Du même auteur

Lire Lévinas, Cerf, 1984.

Monsieur Chouchani, Jean-Claude Lattès, 1994.

Shalom Rabin (avec Victor Malka), Ramsay, 1996

Jésus rendu aux siens, Albin Michel, 1999.

Tinghir ou le voyage inachevé, Jean-Claude Lattès, 2000.

Emmanuel Lévinas, la vie et la trace, Jean-Claude Lattès, 2002, Albin Michel, 2009.

Franz Rosenzweig, le cantique de la révélation, Cerf, 2006.

La vie et le destin de Vassili Grossman, CNRS-Éditions, 2008.

Sous l'Arche de Titus, Armand Colin, 2010.

Dictionnaire intime de la Bible, Armand Colin, 2011.

Le grand désarroi (avec Victor Malka), Albin Michel, 2016.

Dictionnaire Rosenzweig, Cerf, 2017.

70 jours qui ont fait l'histoire d'Israël, Armand Colin, 2018.

Dictionnaire Charles Péguy, Albin Michel, 2018.

Dieu, la République et Macron, Cerf, 2019.

Elena Ferrante, à la recherche de l'amie prodigieuse, Écriture, 2022.

SALOMON MALKA

SAMEDI PROCHAIN
À AUTEUIL

LES ÉDITIONS DU CERF

© *Les Éditions du Cerf*, 2024
www.editionsducerf.fr
24, rue des Tanneries
75013 Paris

ISBN : 978-2-204-15820-6

Toutes les grandes œuvres sont entre nos mains. On en fait ce qu'on veut. Nous mettons cette commune mémoire, si précaire, si précieuse, qui incessamment se fait et se défait.

CHARLES PÉGUY

Il ne t'appartient pas d'achever l'œuvre, mais tu n'es pas libre de t'y soustraire.

Le traité des pères

Il y a un maître, on peut peut-être apprendre à penser.

HANNAH ARENDT

Journal I

Souvenirs de l'œil

Samedi 7 juillet

Voilà. J'ai commencé à tenir ce journal. J'ignore où cela me mènera mais j'éprouve un secret plaisir à consigner ce qui m'arrive ou ce qui arrive autour de moi. Plaisir aussi d'écrire, de coucher sur le papier la sensation du moment et de la retrouver intacte plus tard.

Il me souvient que dans mon enfance, il y a quelques bonnes années maintenant, ma sœur aînée tenait son journal. Je l'enviais. Je garde encore en mémoire ce mystérieux cahier à spirales avec des carreaux bleu turquoise. Elle le cachait dans son armoire sous les pull-overs et je me précipitais tous les soirs pour voir si elle avait écrit quelque chose de nouveau. Elle racontait tout ce qui lui passait par la tête, tout ce qui lui arrivait, ses chagrins, ses malheurs, ses aventures. Et moi je trouvais ce cahier magique. J'avais l'impression de voler quelque chose. C'est ainsi que j'ai appris son premier baiser, ses premiers émois. Elle ne l'a jamais su mais de là peut-être date le lien secret et fort qui nous rattache l'un à l'autre.

J'ai pris involontairement le même type de cahier à spirales. Nous n'avons pas le même rythme, elle s'efforçait de couvrir une page ou deux tous les jours alors que je n'aurai sans doute pas la force d'aller au-delà d'une à deux fois par semaine, mais je n'écris pas des choses très différentes d'elle. Je prends la peine comme elle, quand j'ai eu fini d'écrire, de bien dissimuler mon journal sous des documents. Mais dans ma chambre, à l'internat, quelle importance ! Qui viendra les lire ?

Samedi 14 juillet

Elle s'appelle Barbara. Elle est grande, des cheveux roux, des yeux clairs, une peau laiteuse, et une jolie façon de loucher. Nous nous connaissons de vue depuis quelques années. Déjà, à l'école, je croisais son regard au cours du professeur. Croisais, c'est beaucoup dire. Disons que j'apercevais de loin, du fond de la salle où j'installais ma chaise, ses bérets multicolores tantôt verts, tantôt rouges, tantôt jaunes. J'aimais ses bérets mais je n'avais jamais eu l'audace de lui adresser la parole. Elle était assise avec sa mère, son portrait craché, arborant le même béret et paraissant à peine plus âgée. Quand elles se tenaient côte à côte et qu'on voyait leurs deux visages superposés, on aurait dit deux sœurs.

Je ne lui avais jamais parlé. Et puis je l'ai revue cet été par hasard dans un café de Saint-Germain-des-Prés. Elle revenait d'Espagne. Belle « à faire pleurer les étoiles », comme dirait le professeur. On a parlé de tout et de rien. On a promis de se revoir. Peut-être samedi prochain à Auteuil.

Barbara n'a que trois ans de plus que moi, mais elle m'intimide. Sa haute taille m'en impose. Je me sens presque plus à l'aise avec Blanche, sa mère.

Il y a dans un livre de Danilo Kis que j'ai reçu en cadeau pour mon anniversaire, un personnage qui fait la connaissance d'une jeune fille et de sa mère. Il passe son temps à se demander s'il aime la fille, s'il aime la mère, s'il les aime toutes les deux ou s'il n'en aime aucune. Plus exactement, il n'arrive pas à savoir s'il est tombé amoureux simultanément de la jeune fille et de sa maman, s'il n'en aime vraiment qu'une seule et que l'autre lui rappelât les traits de la première, ou si, hypothèse encore plausible, il se montait le bourrichon et n'en aimait aucune.

Blanche enseigne à l'Université d'Amiens et fait l'aller-retour Paris-Amiens deux fois par semaine. Elle écrit aussi, surtout des nouvelles. Un recueil d'elle est paru l'an dernier sous le titre *Le voyage*.

Samedi 7 septembre

Je commence à m'habituer à la rue Mignet. Des livres autour de moi. Les courses au Prisunic de la rue d'Auteuil. Le marché du samedi matin. Les militants du RPR, du Front national, parfois – plus rarement – du Parti socialiste à la sortie du métro Michel-Ange Auteuil. L'animation autour du lycée Jean-Baptiste Say. Les belles toilettes et les chapeaux proustiens devant l'église d'Auteuil. Les balades tranquilles de la rue de Rémusat au Pont Mirabeau.

Je m'aperçois que je n'ai jamais véritablement quitté le quartier. Il y a des jours où je le trouve trop calme, trop vieux, trop sage. Et des jours où, comme aujourd'hui, je m'y sens accordé.

J'ai flâné autour de la maison de Balzac. J'ai remonté la rue Gros, fait un détour par la Maison de la radio, poussé un peu plus loin vers la « fausse » Maison de la radio comme je l'appelle dans ma tête pour rire.

Ma sœur m'a raconté qu'une seule fois le quartier est sorti de sa réserve. C'était le 10 mai 1981. François Mitterrand venait d'être élu Président de la République. Des jeunes ont ouvert leurs fenêtres et ont lancé un tonitruant « Vive Mitterrand » suivi d'un immense éclat de rire et d'un vaste silence qui a résonné comme une muette réprobation du village tout entier.

Avec ses rues propres, souvent vides, qui donnent l'impression de se suffire à elles-mêmes, comme si elles n'avaient pas besoin des passants, Auteuil baigne dans une douce léthargie. Guillaume Apollinaire qui, paraît-il, a habité rue Gros – c'est là qu'il a rédigé « Sous le Pont Mirabeau » – a lancé en abandonnant le quartier : « Je ne vous quitterai pas sans amertume, lointain Auteuil, quartier charmant de mes grandes tristesses. »

J'ai noté cette phrase. Elle me semble refléter le climat du quartier, mélange de charme et de mélancolie.

Samedi 15 septembre

Je viens d'avoir mon permis de conduire et j'ai acheté en occasion la première voiture qui m'est tombée sous la main. Ne me demandez pas pourquoi, c'était une Peugeot bleu marine, et je n'en ai pas été mécontent sur le moment. Si ce n'est que j'ai eu la malencontreuse idée de proposer à mon neveu de me tenir compagnie pendant que je me lançais vaillamment dans mon premier tour du périphérique.

Seulement voilà. Mordus de philosophie tous les deux (18 au bac pour lui comme pour moi, à quelques années de distance), nous nous sommes lancés dans une conversation tempétueuse sur Heidegger, l'être et le temps, la clairière de l'être, le berger de l'être et comment l'existence s'inscrit dans l'être... Je dois dire qu'il était plus en avance que moi. Il me surprenait et me fascinait en même temps. J'écoutais l'oreille tendue, et le reste du corps en éveil, en m'efforçant de bien tenir le volant et de surveiller les camions (se méfier toujours en priorité des camions, m'avait-on seriné à l'école de conduite) sans perdre une miette de ce que disait mon neveu. Il laissait tomber comme des évidences les grandes envolées du philosophe souabe, et moi je tentais péniblement de retenir quelques bribes dans un langage où, je dois dire, j'étais un peu perdu. Si perdu que j'ai à peine prêté attention au clignotement du rouge sur le tableau de bord indiquant qu'on n'allait pas tarder à avoir un besoin pressant d'essence.

Je me suis arrêté aussi vite que j'ai pu à la première station et j'ai fait le plein à toute vitesse, afin de reprendre le fil de la conversation. Las, ni lui ni moi n'avions l'habitude. La conversation se poursuivit pendant que le véhicule toussait, s'époumonait, multipliait les embardées. Il a fallu se rendre à l'évidence. J'avais rempli mon réservoir de diesel, ce qui avait eu pour résultat de noyer copieusement mon moteur et d'immobiliser derechef mon véhicule.

Bien lancé maintenant et même un peu inspiré, le mien neveu continuait de pérorer sur le père présomptif de la phénoménologie allemande, et je ne pouvais me retenir de chercher à saisir au vol quelques pans de nos échanges (en vrai, c'était surtout lui qui parlait), alors que la Peugeot bleu marine s'étranglait en émettant force « Ja ! Ja ! » comme le penseur allemand du haut de son cours magistral à Fribourg-en-Brisgau.

Il a fallu se rendre à l'évidence et se résoudre à jeter le véhicule avec l'eau du bain et la philosophie du professeur Martin avec sa clairière et ses bergers.

Samedi 22 septembre
La mauvaise langue

Rafaël et moi sommes invités chez Edmond. Comme d'habitude, nous arrivons à l'heure du déjeuner et nous patientons.

Edmond revient en soufflant de la synagogue de la rue Montevideo. Il commence par confondre le nom de Rafaël et le mien, s'en amuse. Puis il nous raconte qu'un jour qu'il s'était un peu fâché avec France son épouse, il avait décidé d'être gentil. La croisant dans la rue, il lui a embrassé les mains, lui a dit combien il l'aimait. « Oui, merci », disait-elle… Mais il trouvait qu'elle était un peu froide. Jusqu'au moment où il s'est aperçu que ce n'était pas France. Il éclate de rire. Encore une histoire inventée, mais qui a le don de le mettre en joie.

« Avez-vous fait la prière du Loulav ? » dit-il en se tournant vers moi. Il me tend la branche de palmiers, me la fait agiter dans toutes les directions et se lance dans une explication poussive sur la symbolique des quatre éléments traditionnels associée à la prière du « Loulav ».

Puis nous grimpons à l'étage supérieur et pénétrons sur la vaste terrasse où se dresse la « Soucca ». Elle a l'air moins grande cette année que l'année précédente. Elle n'est pas décorée non plus.

Nous nous lavons les mains à l'aide d'un broc à anses, dans un coin de la terrasse, en jetant de l'eau par terre. Edmond fait force bénédictions. Il nous explique que chaque fête, dans la tradition juive, a deux noms, l'un pour Dieu et l'autre à l'usage des enfants d'Israël. C'est ainsi que Pessah est en même temps la fête de l'agneau pascal et celle du pain azyme. Souccot est célébrée « afin de vous souvenir que je vous ai fait séjourner à la sortie d'Égypte », et pour fêter la récolte.

Des amis de Julien et d'Anna – les deux enfants d'Edmond et de France – arrivent et se joignent à nous. Nous nous serrons un peu plus. Et France évoque une coutume en usage chez des parents à elle, l'adoption d'un code intitulé « Kof ». Dès qu'on s'apercevait que les invités étaient trop nombreux autour de la table, on faisait circuler la consigne « Kof », pour *Keep off family*. Les membres de la famille étaient sommés de ne pas avoir trop faim.

L'un des jeunes hommes présents est avec moi à Assas. Il me glisse : « J'arrive d'un cours magistral. C'est tellement bizarre de se retrouver après ici, dans cette Soucca, à la terrasse d'une maison. »

Nous parlons un moment d'une camarade de classe qui s'est volatilisée au milieu de l'année, l'an dernier, sans donner signe. « Oui, je vois qui c'est, elle est très bien », murmurai-je pour dire quelque chose. « Elle te trouvait très bien aussi », répond mon voisin. France, qui a surpris la conversation, se lance du coup dans un développement savant sur la beauté de cette prière du matin dans la liturgie : « Seigneur, protège ma langue du mal et mes lèvres de la perversité. » Et elle ajoute, légèrement perverse : « N'est-ce pas une forme de mauvaise langue que de rapporter à quelqu'un qu'il est très bien de la part de quelqu'un d'autre ? » « C'est trop compliqué pour moi, dis-je. N'essayez pas de gâcher mon plaisir ! »

Rafaël affirme qu'il a beaucoup aimé cette idée – développée l'autre jour par le professeur – d'une faute partagée entre le locuteur, l'interlocuteur et le tiers dont il est question. Dès lors que le mal est fait, tout le monde y a trempé, y compris la victime. Edmond cherche à introduire un peu de méthode. Pour qu'il y ait « mauvaise langue », il ne faut pas seulement qu'on dise du mal, qu'on noircisse, qu'on dénigre. Il faut encore que les propos tenus ne soient pas mensongers, qu'ils correspondent à la vérité. Autrement, ce serait une simple calomnie qui relève de tout à fait autre chose. C'est pourquoi, ajoute-t-il, un rabbin lituanien du début du siècle qui a associé son nom au combat contre la « mauvaise langue », recommandait de s'exercer à tenir sa langue en s'abstenant tout simplement de parler pendant un laps de temps tous les jours.

« Mais si cela concerne la vérité, c'est carrément invivable ? » dis-je. « Oui, répond Edmond, mais il faut préciser que cela ne concerne pas des personnalités publiques. Autrement, on ne pourrait plus critiquer personne, on ne pourrait plus rien dire. » Tout le monde pousse un soupir. Si on peut accabler encore nos gouvernants, rien n'est perdu !

Samedi 29 septembre
Bar Mitzva sans Dieu

La vidéothèque de Paris, au Forum des Halles. Avec la fille d'Edmond, Anna, nous allons voir un film sur Pierre

Mendès France. C'est une projection privée à laquelle elle m'a convié.

Les deux premières rangées sont réservées à la famille (*Keep off*). Je ne suis pas peu fier d'être dans le lot. Le film est sobre, juste, prenant. Même l'aspect familial est traité avec finesse, tout comme les rapports avec de Gaulle et avec Mitterrand. Un passage m'émeut, celui où PMF raconte son évasion avec ce couple d'amoureux devant la prison qui n'arrive pas à se décider. Cet homme, dont je n'ai vraiment entendu parler que cette année en fac, par des camarades de classe qui le trouvaient plutôt agaçant (son côté moraliste, exemplaire, prix de vertu), cet homme a commencé à me plaire.

Chaque fois que l'image de sa première femme apparaissait à l'écran, Anna tournait son visage vers moi et me faisait un petit signe. J'apprends qu'elle était peintre. Il faudra que je fasse attention à ses toiles, la prochaine fois que je serai chez eux.

À la fin du film, il y a eu l'image de Pierre Mendès France sur une terrasse ensoleillée. Il est accoudé sur une canne et il porte aux pieds des sandales et des chaussettes. À ses côtés, son petit-fils dont je crois reconnaître les traits dans le visage d'un jeune homme assis au premier rang. Pendant que le générique défile, Anna se tourne pour me souffler : « Dommage, ils auraient élargi le plan, on nous voyait ! » J'ouvre des yeux ronds. Elle ajoute : « Ben oui, c'était notre terrasse ! » J'ai du mal à imaginer cette même terrasse que j'ai vue cette semaine, où nous nous sommes lavé les mains avec le broc à anses et où se dresse la belle Soucca ornée d'une toile bleue… « Il y venait souvent ? » « Oui, assez souvent ! »

Était-il religieux ? Non, certainement pas. C'était même un sentiment qui lui était totalement étranger. Il se voulait laïc et il l'était jusqu'au bout des ongles. Il voulait bien parler du « mystère » du judaïsme, mais ça s'arrêtait là. Pas question d'aller plus loin. Cela ne l'a pas empêché tout de même de demander à Edmond de préparer son fils à la « Bar Mitzva ». Avec pour stricte consigne de ne pas lui parler du bon Dieu.

Samedi 6 octobre
Le sens des mots

« Allô, je voudrais te voir. » C'était Rafaël. Nous nous sommes vus dans un lieu inhabituel pour moi, le bar d'un hôtel des Champs-Élysées. Il était tendu, parlait vite. J'écoutais sans trouver les mots pour réagir, et en m'en voulant un peu de ne pas savoir, d'être trop jeune.

Il a reparlé de son histoire. De son Alsace natale. De son enfance dans une famille déchirée. Son père juif algérien d'Oran, installé à Strasbourg avant-guerre, et qui a décidé, dès le lendemain de la guerre, d'oublier son judaïsme pour ne pas déplaire à sa belle-famille, antisémite et pétainiste. Il a parlé aussi du hasard dans cette histoire qui remonte à plus loin que lui. Comment ces deux êtres, si éloignés l'un de l'autre – ses parents – ont-ils fait pour se rencontrer ? Une conversation banale dans un métro, qui s'était prolongée. Ils s'étaient plu, s'étaient échangé leurs adresses. Le père avait été tout de suite fasciné par son nom, « Belcroix ». Quand elle le lui avait dit, il l'avait tout de suite mémorisé en le séparant dans sa tête en deux mots. Plus tard, il dirait souvent qu'il était tombé amoureux de sa mère à cause de son nom. Et Rafaël avait eu du mal à comprendre sur le moment. Aujourd'hui encore. Mais tout cela, c'était avant la séparation, quand son père était encore près de lui. Depuis d'ailleurs, il n'arrive pas à voir le nom de « Belcroix » quelque part sans avoir un pincement au cœur.

Il a parlé encore de l'absence du père, de l'éducation sans Dieu. De son amitié avec quelqu'un dans la revue où il travaillait qui lui avait fait découvrir qu'il fallait toujours chercher la véritable signification des mots… Et aussi que le shabbat était une façon de « décrocher » avec les habitudes, de se préserver.

Depuis quelques années maintenant, il s'est investi tout entier. Il fait « tout ». La « totale », comme il dit. Les prières à la synagogue, à Auteuil, rue Montevideo ou rue des Tournelles. Les plats qu'il réchauffe sur une plaque de shabbat. Le téléphone auquel il ne répond plus pendant 24 heures. Il y a juste le bouton automatique qu'il continue à actionner pour ouvrir la porte d'entrée de son immeuble, porte de Saint-Cloud, mais il ne désespère pas de trouver une solution. Et puis maintenant, il sent qu'il doit aller au bout de son chemin. Il ne peut pas faire autrement. J'ai senti une grande détresse en lui, en même temps qu'une grande détermination.

La gorge nouée, il m'a annoncé d'une voix blanche que sa circoncision était pour mardi prochain. Ce sera le Dr Weizman. Il a souhaité que je sois là. J'ai dit « oui » sans bien comprendre. Est-ce que cela veut dire qu'il me faudra assister à l'opération ? Faudra-t-il tout voir ? J'ai dit « oui », que pouvais-je dire d'autre ? Dieu, quel courage ! Ou quelle intrépidité !

Si tout va bien, il a son examen lundi matin, mardi la circoncision, et la semaine prochaine le « Mikveh ». Et après ?

Samedi 13 octobre
Faisons un homme

« Dieu dit : faisons l'homme à notre image, à notre ressemblance, et qu'il domine sur les poissons de la mer, sur les oiseaux du ciel, sur le bétail, enfin sur toute la terre et sur tous les êtres qui s'y meuvent. Dieu créa l'homme à son image, c'est à l'image de Dieu qu'il le créa. Mâle et femelle furent créés à la fois » (Genèse 1, 26-27).

C'est le parachèvement de la Création. Après le jour et la nuit, après le ciel et la terre, après l'herbe et les arbres, la lumière et l'obscurité, le Soleil et la Lune et les animaux, voici le projet de donner vie à l'homme. À ce propos, et seulement à ce propos, il y a ce « faisons » au pluriel qui ne laisse pas d'étonner. Est-ce un signe d'humilité, comme le laisse entendre le commentateur champenois ? Un geste élégant du créateur qui voudrait associer les anges au projet de Création, même si le verset suivant revient au masculin singulier et passe de l'impératif à l'indicatif ? Ou est-ce encore une adresse à l'homme lui-même, l'invitant par ce « faisons » à une action commune ? Manière de dire : associons-nous dans le projet et réalisons-le ensemble. Rachi s'intéresse aussi au verset suivant : « Masculin et féminin il les a créés », en relevant la contradiction inhérente à la suite du récit qui nous parle de la côte d'Adam (« Tselah », qu'on a pu traduire aussi par « côté »).

Pour l'exégète français, Dieu a commencé par créer un être à deux visages avant de les séparer et d'en faire un homme et une femme. Ainsi, les deux mouvements se rejoignent. Une seule entité formée le même jour – le sixième jour – à l'image et à la ressemblance du créateur et qui va se scinder par un processus de séparation, de détachement, de soustraction.

Un homme et une femme soudés ensemble, fondus l'un dans l'autre, et qui s'engendrent l'un l'autre. Sublime acte de création qui préserve l'altérité au cœur du même.

Samedi 20 octobre
Il allait et revenait

« Il lâcha le corbeau qui partit, allant et revenant jusqu'à ce que les eaux eussent laissé la terre à sec » (Genèse 8, 7).

C'est la péricope de Noé et le récit de la construction d'une arche censée résister au déluge qui s'est abattu sur la terre. 40 jours et 40 nuits de pluie ininterrompue au bout desquels Dieu fait passer un souffle sur la terre et apaise les eaux.

Noé ouvrit alors une fenêtre dans l'arche et envoya un corbeau pour voir si les eaux avaient baissé d'intensité. Ce corbeau était un premier messager qui sera suivi d'une colombe. Le texte dit, à propos du corbeau, qu'il « allait et revenait », comme s'il avait du mal à quitter l'arche pour s'acquitter de sa mission.

Le Champenois a son idée sur les raisons de ce va-et-vient intempestif. Ce corbeau qui multipliait les allers et retours à l'arche était soucieux de ne pas laisser seule sa compagne. Il faut dire, et la chose est amplement documentée, que les corbeaux sont les animaux les plus fidèles qui soient. Une fois le couple formé, mâle et femelle passent généralement toute leur existence ensemble.

Le récit a beau préciser que Noé devait entrer dans l'arche avec ses fils, sa femme et les femmes de ses fils, mais aussi tous les êtres vivants de chaque espèce conservés en couple, mâle et femelle, cela apparemment n'était pas suffisant pour calmer les suspicions de notre corbeau jaloux. Et le professeur de commenter. Rien n'y faisait, il allait et venait à tout hasard. La droiture de Noé, seul rescapé avec sa famille d'une génération pécheresse, avait beau figurer une humanité nouvelle, bientôt lavée de tous les péchés et annonciatrice de temps nouveaux, l'oiseau messager n'en croyait pas un mot. Turlututu ! Ce n'était que pure fadaise à ses yeux. Il allait rendre compte de sa mission, annoncer l'état des eaux et donner le bulletin météo du nouveau monde, mais en attendant, il n'allait pas se bercer d'illusion. Il ouvrait l'œil, pour le cas où les vieilles habitudes reprendraient. La révolution ? Oui, tant qu'on voudra, mais qu'on ne s'avise pas de toucher à sa compagne.

Samedi 27 octobre
Va vers toi

« Et Dieu dit à Abram : Va vers toi, quitte ton pays, ton lieu natal et ta maison paternelle, et va au pays que je t'indiquerai » (Genèse 12, 1).

Du temps où il était dans sa pleine forme, le professeur pouvait passer de longs moments sur ce « Va-t'en ».

Il allait chercher dans sa propre langue natale – Y a-t-il des russophones parmi vous ? Quelques rares doigts se lèvent –, les occurrences où le « va vers toi » est encore plus prégnant. C'est un « va vers toi-même ». Et d'évoquer encore la philosophe Simone Weil qui invitait à s'arracher à soi-même, au point qu'il ne subsiste que cet arrachement lui-même. Il ne la citait que parcimonieusement et avec un soupçon de distance – elle avait tant dit d'énormités sur la Bible et il ne s'était pas privé de la brocarder – mais ici et là dans les cours, on voyait bien qu'il l'avait lue et qu'elle l'inspirait parfois.

Va vers toi est aussi un va pour toi. « Pour ton plaisir et pour ton bien », explique le commentateur médiéval. Éloigne-toi de toi. Renonce à toi-même. C'est un appel à se mettre en chemin, à s'oublier pour plonger dans son intimité et trouver sa voie.

Le verset suivant parle de bénédiction (on dépasse rarement deux ou trois versets dans cet exercice, les jours fastes, les élèves les avaient préparés préalablement, l'hébreu et la traduction française alternant sous l'œil exercé du maître). « Je ferai de toi une grande nation, je te bénirai et je ferai connaître ton nom, et tu seras bénédiction. »

Plus exactement, c'est dit à l'impératif : « Sois bénédiction ». Que signifie cette injonction à se faire bénédiction ? L'exégète champenois souligne que la bénédiction est désormais entre ses mains. Jusque-là elle était divine, et dévolue à Adam et à Noé. Désormais, Abram en disposera comme bon lui semble, et la fera déverser sur qui il voudra. En fait, dit le professeur, il est promis à Abram d'être une source de bénédiction. « C'est lui qui a la signature », insiste le maître. C'est par lui que les autres, « toutes les familles de la terre », seront bénies.

Non seulement il bénéficie de cette grâce divine, mais il a la charge de la faire ruisseler autour de lui.

Tout d'un coup, échoit à cet homme qui s'est mis en marche vers lui-même, la faculté de faire du monde un lieu habitable où les hommes sont bénédiction les uns pour les autres.

Samedi 3 novembre
Un livre ouvert

Il y a, dans ce cours, un couple assis non loin de moi, face au professeur, avec un seul livre ouvert entre les deux. Elle est une jolie jeune fille, l'œil bleu et vif, ardente, passionnée, qui ne lâche pas un mot du cours.

Une douceur émane de ce couple. Lui a un sourire permanent aux lèvres et promène un regard apaisé sur ce qui l'entoure. Ils sont assidus et viennent au cours tous les samedis, manifestement depuis longtemps si on en juge par l'empressement qu'ils mettent à installer leurs chaises dès que le petit-déjeuner qui suit l'office a fini d'être servi.

On me dit qu'ils se sont connus au cours et qu'ils se sont rapprochés l'un de l'autre. Elle appartient à une famille illustre. Son oncle est un ancien prix Nobel de littérature et son père directeur d'une société de production de disques qui a fait connaître les grands noms de la chanson française, de Brassens à Brel et à quantité d'autres chansonniers. Lui appartient aussi à une famille séfarade de Salonique.

Ils ne ratent aucune séance et sont manifestement contents d'être là. Ils font partie du noyau quand d'autres viennent faire des apparitions intermittentes, le temps d'un tour ou deux, histoire de vérifier si le dernier lieu à la mode au quartier d'Auteuil dont ils ont vaguement entendu parler valait le coup d'œil.

On voit ainsi des intellectuels en vogue, des journalistes de télévision, des juges, des avocats, des étudiants de philosophie, des curieux qui prennent des notes abondamment ou allument un enregistreur avant de se raviser sous l'œil réprobateur des fidèles. Après tout, c'est une synagogue (ou une école faisant office de synagogue, mais c'est pareil) et c'est shabbat !

On voit passer de temps à autre un grand éditeur, attentif et bienveillant, réellement pris sous le charme. On voit plus rarement tel journaliste de télévision qui a pris soin de déposer à l'accueil son sac de tennis avant de s'installer parmi les fidèles. Mais observer ce couple si beau, toujours assis à la même place, me rassure. Je sais qu'un jour j'irai les voir pour leur demander ce qui leur reste de ces rendez-vous d'Auteuil. Cette idée de « reste », de ce qui continue à trotter dans la tête une fois que le cours est fini, m'a toujours fasciné. Et peut-être ne reste-t-il rien. Peut-être que tout cela s'évapore et agit comme un lent dissolvant qui fait disparaître progressivement toute trace de ce qui a eu lieu.

Samedi 10 novembre
Le bruit de l'âme

« Seigneur, si j'ai trouvé grâce à tes yeux, ne passe pas ainsi devant ton serviteur » (Genèse 18, 3).

Dieu se manifeste à Abraham dans les plaines de Mamré alors qu'il est assis au seuil de sa tente, sous la chaleur du jour. Et voici que trois personnages se présentent à lui. Il court à eux, manifeste sa joie de les accueillir, se prosterne devant eux et les invite à ne pas poursuivre leur chemin sans faire halte et se restaurer, lui donner l'occasion de pratiquer l'hospitalité et de leur faire honneur. Il les implore littéralement de ne pas poursuivre leur route et les gratifie même du titre de « Seigneur ». Le titre de « Seigneurs » est au pluriel. S'adresse-t-il à chacun d'entre eux ou au plus âgé d'entre eux comme le suggère Rachi ? L'exégète de Troyes va plus loin. Attentif au fait que ce « Seigneur » dont il est question dans le texte est livré dans son acception la plus noble et la plus élevée, il se montre soucieux d'expliquer l'utilisation du mot « Adonai » (Seigneur) qui peut être lu aussi comme une référence à Dieu. C'est à Dieu qu'Abraham s'adresse pour lui demander de patienter, d'attendre qu'il se soit occupé de ses hôtes, qu'il leur ait servi à boire et à manger, avant de se libérer et de revenir à lui.

Il y a dans ces cours comme une imperceptible mise en scène. La lecture littérale, le travail dur pour écosser le texte, traduire le mot à mot, expliciter un point d'étymologie, de grammaire ou de logique, ou tout simplement dérouler le récit. C'est l'élève qui en a la charge, et ceux de l'École le font avec sérieux, avec même un peu de gravité et beaucoup de trac. Puis, sur un sourire ou sur une pirouette, le professeur quitte soudain le texte, oublie l'élève et part sur une de ces variations où il excelle. Vient alors le moment délicieux et attendu où il se fait comme un jaillissement. Tout le monde quête cet instant fulgurant, et quand il est venu, il y a comme un soupir de contentement qui parcourt la salle.

Le philosophe referme le livre, regarde sa montre et interroge les fidèles. « Nous avons encore quelques minutes ? » Le public répond « oui » avec ferveur. C'est le moment, chacun le sait, de l'apologue talmudique, choisi toujours en rapport avec le passage biblique lu, ou en tout cas avec la péricope de la semaine.

Cette semaine, mais je n'arrive pas à retrouver le lien avec le passage biblique, c'est le traité Yoma (20b, 21a). Pourquoi entend-on mieux la voix la nuit que le jour ?

À cause du mouvement du soleil qui gratte le ciel comme une crécelle. Quel est le son qu'on entend d'un bout du monde à l'autre ? Le bruit du soleil. Le bruit de la foule à Rome. Le bruit de l'âme qui s'envole vers le ciel.

Le silence se fait dans la salle. Le premier rang, celui des habitués qui, pour rien au monde, ne raterait une séance, hoche la tête d'un air entendu ou s'échange des regards complices. Et le cours s'achève sur ce « bruit d'une âme qui s'envole ».

Le professeur serre quelques mains à la sortie. Il me remarque et me salue chaleureusement. « C'est un beau texte, non ? » « Oui », balbutiai-je.

Je repars assez fier, content qu'il soit venu vers moi. En général, il me reconnaît une fois sur deux, mais je crois qu'il m'aime bien, depuis qu'on lui a dit que j'avais eu une bonne note en philo, au bac.

Samedi 24 novembre
Guerre à la parenthèse

Michel-Ange-Odéon. Odéon Assas. Assas Michel-Ange. La vie défile et ses habitudes. Une fois par semaine, je vais Porte de Saint-Cloud, chez Rafaël où nous nous isolons dans son bureau pour une leçon d'hébreu.

Rafaël, je le vois tous les samedis matin au cours du professeur. La dernière fois, il s'est interrompu et m'a demandé à brûle-pourpoint : « Qu'est-ce qui est important pour toi dans la vie ? » J'ai répondu : « Je ne sais pas, être heureux je crois. » J'ai cherché à dire cela sans emphase, mais ça avait l'air quand même un peu sentencieux et nous avons pouffé tous les deux. Il a ajouté : « Moi ? Épouser une brune aux yeux clairs et avoir quatre enfants. Pas toi ? » « Oui, épouser une blonde et avoir un garçon et une fille ! »

Il y a eu un long silence et nous avons repris la leçon. J'ai commencé les cours à la fac et j'ai fait mon premier exposé oral qui portait sur la mobilité sociale. J'ai eu beaucoup de mal à me concentrer, d'autant que quelqu'un derrière moi – un marrant – s'acharnait à répéter « la mobylette », au point qu'à une ou deux reprises, j'ai failli buter sur la « mobylette » sociale.

Sur l'exposé écrit que j'avais remis, le chargé de TD (les travaux dirigés) a jugé qu'il y avait trop de parenthèses. « Je déteste les parenthèses, je suis même totalement contre. Soit vous avez quelque chose à dire et vous le dites explicitement, soit la chose n'a pas d'importance et on peut donc s'en passer. Cette manière de dire sans dire, d'insinuer sournoisement, moi m'agace profondément. » Tout cela asséné d'un ton glacé, comme s'il y avait eu une atteinte à son encontre.

Nous l'avons tous regardé médusés. Cette sortie furieuse contre la parenthèse – sur l'air de Jean Yanne pestant contre les départementales – nous a laissés pantois.

J'ai eu beau lire et relire mon texte, je n'ai pas eu le sentiment d'avoir abusé de la parenthèse. J'ai dû en glisser à trois reprises. Mais enfin, il faudra faire attention pour les prochains devoirs et bannir ces deux abominables signes contre lesquels ce curieux enseignant avait l'air de mener une bataille personnelle.

Samedi 30 novembre
Ne pas s'endormir

Il me faut fixer encore une fois la mise en scène préalable au cours. Le déplacement des chaises pour faire cercle autour du maître. L'attente entre l'office religieux et le cours lui-même qui avait lieu, tous les samedis, dans ce lycée du 16e arrondissement de Paris. La ruée vers les in-folios et puis l'entrée du « professeur » avec son pas furtif, son costume croisé et sa pochette blanche sur le côté. Face à lui, un des élèves à qui est confié le soin de préparer le passage biblique tiré de la péricope de la semaine.

Cette semaine, c'est un passage de la Genèse : « Jacob s'installa sur la terre de son père, sur la terre de Canaan. » L'exégète champenois commente : « Jacob a voulu connaître la tranquillité, c'est alors qu'ont commencé les ennuis avec Joseph. » Les Justes ne doivent pas se reposer, dit le maître, ils ne doivent pas s'endormir… Être justes, c'est être en état de veille. Il insiste : cette idée qu'on puisse se laisser aller au sommeil, cesser d'attendre ! Le contraire de l'attente, ce ne serait pas le désespoir, ni même l'impatience, mais l'apaisement, la suffisance, l'engourdissement. Comme dans ce verset du Cantique des cantiques : « Je dors mais mon cœur veille ! » L'attente comme une recherche éperdue, comme un désir d'être tenu en éveil par quelque chose ou quelqu'un. L'attente comme extrême conscience.

De mes jeunes années, élève dans ce même établissement, il me souvient d'un cours sur Proust. À l'époque, le philosophe nous parlait de la Bible le samedi matin, et de littérature le samedi après-midi. Il disait que les personnages aimés dans la « Recherche » étaient toujours insaisissables. Que ce temps perdu s'éparpillait, se fractionnait en des grains infimes. Et aussi que l'amour, dans Proust, était vécu non pas comme un accord mais comme une dissymétrie. Il n'est jamais réciproque. L'un des deux doit être prisonnier. L'un des deux est otage. L'un des deux attend toujours l'autre, indéfiniment, et sans l'espoir jamais de le saisir. C'est ce qui donne à la *Recherche* cette émotion particulière. L'attente comme un instant gros de tous les possibles. Comme la promesse d'un temps à venir. Mais toute attente n'est-elle pas, à cette image, un rêve d'éternité ? Toute attente n'est-elle pas attente de quelque chose d'indéfini ? Attendre l'autobus, attendre le cours, attendre l'être aimé ou attendre le salut, est-ce bien différent ?

Samedi 7 décembre
Une deuxième naissance

Il y a ces anciens élèves qui ont tracé leur route, suivi leur chemin, et qui à la faveur d'une rencontre, d'une lecture ou d'un passage par le quartier d'Auteuil se remémorent les années Enio et font un détour.

Robert est une figure du cinéma français. Discret, souvent dans l'ombre, inconnu du grand public, il est un

« passeur » du cinéma d'auteur et défend les films de ce répertoire-là. Propriétaire de deux salles de cinéma d'art et d'essai à Paris, il est marié à l'une des plus grandes actrices françaises.

Le maître ? Ou « Monsieur le directeur » comme nous l'appelions ? Il en garde un souvenir quasiment filial. Il n'a pas une mémoire chronologique, mais juste quelques images en staccato. Image du cancre qu'il a longtemps été et qui est passé du statut d'élève turbulent à celui de bachelier avec mention. Il n'hésite pas à le dire, la rencontre avec le directeur de cette école a été comme une deuxième naissance pour lui.

« Je l'ai vu pleurer quand je suis revenu avec mes résultats du bac. J'avais eu une très bonne note, il m'a accueilli chaleureusement en me disant qu'il avait toujours su qu'il pouvait me faire confiance ». En tout cas, Robert était persuadé que le maître prenait ces résultats comme un succès personnel, qu'il se montrait tout simplement heureux que ses élèves réussissent. Alors il attendait peut-être comme cela tous les candidats au baccalauréat de l'école, mais cela n'empêchait pas qu'il en était très ému.

Image aussi d'une certaine « élasticité », d'une certaine autorité qui s'exerçait sans une contrainte apparente, et même avec un respect de l'autonomie. Robert garde en tête une admonestation qui s'adressait souvent à lui. « Si vous fumez le samedi, essayez de ne pas le faire publiquement. » Il y avait cette liberté perceptible dont le jeune homme, issu d'une famille juive syrienne, qui avait grandi au Liban, grand voyageur dans toute l'Europe, a pu profiter lui-même, puisqu'il a fait partie d'un petit groupe chargé des spectacles de fin d'année, avec des imitations qui enchantaient les élèves et amusaient au passage l'équipe de professeurs et le directeur, lesquels jouaient le jeu en autorisant ces artistes en herbe à organiser des répétitions tous les soirs.

« Imaginez, souligne le producteur de cinéma, que nous avions de fait, quand j'y pense, trois professeurs de philo qui alternaient en classe de terminale. Une professeure spécialiste de la Grèce, un spécialiste du marxisme, très en vogue à l'époque, et un spécialiste de Talmud » (j'ai eu droit au même traitement).

Et les cours alors ? Qu'en reste-t-il ? Peu de choses, reconnaît Robert. En vérité, il confesse avoir plus de souvenirs des cours du samedi après-midi que de ceux du samedi matin. L'après-midi, le maître invitait des personnalités extérieures à l'école qui venaient parler d'un voyage, d'une lecture, d'un philosophe. La présence de Jankélévitch notamment une fois, a laissé des empreintes fortes en lui. Quant aux leçons bibliques du samedi matin, l'aspect quelque peu scolaire de l'exercice le rebutait au départ et a fait que tout s'est perdu dans la mémoire.

Étrangement, c'est la lecture du philosophe pour le coup, quelques années après avoir quitté l'école, qui a permis de faire remonter le cours à la surface et d'arriver à reconstituer le puzzle, à relier les fils.

« Il m'a réveillé », conclut cet ancien élève, toujours heureux de venir serrer la main de celui qui avait changé sa vie. Et d'ajouter que oui, et pourquoi pas le Panthéon quand viendrait son heure ? Ce ne serait que justice, à ses yeux.

Samedi 7 décembre
Quelques lectures

Rafaël m'a invité chez lui. C'était vendredi soir. Il m'a servi un délicieux saumon qu'il a lui-même préparé. Deux bougies finissaient de se consumer sur la table. Les lumières étaient branchées sur extincteur automatique. Une bande musicale défilait, imprégnant la pièce d'une ambiance particulière. On se sentait bien.

Rafaël m'a demandé ce que ça faisait d'avoir 20 ans. J'ai répondu que je n'y avais jamais vraiment pensé. Il m'a dit que pour lui, c'était une période où il se sentait plein d'énergie, plein de vie, plein de projets. Je lui ai dit que oui, que c'était en gros la même chose. Que j'avais souvent l'impression que rien n'avait vraiment commencé, que tout était toujours à venir.

Et puis, pour la première fois, il m'a parlé de lui, de son parcours, de sa quête, de son désir très ancien d'un retour au judaïsme, à l'étude, à la pratique religieuse.

Ce qui l'a ramené au judaïsme, lui qui en était très éloigné ? Le hasard peut-être, une amitié très forte, quelques lectures, la découverte des joies que peut procurer le « respect » du shabbat, une excessive sensibilité à l'offense, la recherche de ses propres sources… Tout cela à la fois.

Il parlait sans s'arrêter. Et ce qui m'apparut d'abord, au premier regard, comme anachronique dans cet appartement de la porte Saint-Cloud, me sembla au fur et à mesure quelque chose de rare et d'authentique. Et cet homme m'est devenu plus attachant.

En rentrant, j'ai pensé que j'avais eu de la chance de le connaître. Qu'à son contact, même si je m'en sentais très éloigné, je revisitais certaines vérités qui sont au fond de moi. Et qu'il y a certaines rencontres, comme cela, qui vous font découvrir des morceaux de vous.

Samedi 14 décembre
L'écrivain est un voleur

Nous avons parlé du film *La discrète* avec Fabrice Luchini. Blanche me fait comprendre la scène essentielle du film. Le jeune écrivain se déprend dès lors qu'il sent que pour l'éditeur, il n'est plus le seul. C'est une scène qui m'avait échappé.

Nous parlons littérature. J'ai hésité un moment, quand elle m'a demandé si j'avais le goût de l'écriture, j'ai un peu rougi et j'ai répondu très vite que je tenais un journal. Je lui ai parlé de ma sœur et du sentiment de vol qu'on peut avoir en lisant les écrits des autres.

Non, ce n'est pas le lecteur qui est un voleur, c'est l'écrivain. Nous sommes une secte à part, nous nous nourrissons les uns des autres. Elle a dit cela d'une voix forte, légèrement emphatique, et puis elle a ajouté les yeux soudain brûlants : « Si tu veux écrire un jour, ne crois surtout pas que tu peux faire cela le dimanche ».

En fait, ce qui m'attire dans ces rencontres avec Blanche, c'est la possibilité qui m'est donnée d'entendre parler de Barbara, d'en savoir plus sur elle, de dérober le maximum d'informations, de tout connaître d'elle. Savoir par exemple qu'elle est toujours et partout en retard, qu'elle se ronge les ongles, qu'elle a peur de l'avion, qu'elle adore resquiller dans le métro.

C'est curieux le hasard ! Elle aurait pu ne pas passer par là, ce fameux soir à Saint-Germain. J'aurais pu m'installer à une autre terrasse. L'un de nous aurait pu être ailleurs, et même à la rigueur tous les deux à la fois. Notre professeur de physique de l'an dernier, M. Cabane, avait une théorie là-dessus. C'est le principe du battement d'ailes du papillon. Le moindre battement d'ailes d'un papillon quelque part dans le monde peut modifier de manière irrémédiable l'équilibre de l'univers.

C'est sans doute vrai. Comme c'est vrai que j'aurais pu ne pas rencontrer Barbara ce soir-là, ni un autre soir. J'aurais pu aussi mal interpréter ce « Je pense à toi » qu'elle a proféré sans y mettre la charge que je cherche à lui donner après-coup.

Samedi 21 décembre
Bonté suprême

« Les jours d'Israël approchant de leur terme, il manda son fils Joseph et lui dit : Si tu as quelque affection pour moi, mets-je te prie ta main sous ma hanche pour attester que tu agiras envers moi avec bonté et fidélité en ne m'ensevelissant pas en terre d'Égypte » (Genèse 48, 29-30).

Jacob vécut donc dix-sept ans dans le pays d'Égypte et avant de quitter ce monde, réunit toute sa famille, s'adressant à chacun de ses membres et bénissant sa descendance un à un. Mais il commence par une injonction qui est aussi une supplique à Joseph. Il lui demande une « faveur », ou une « bonté » – un « Hessed » selon le terme hébraïque –, celui d'être enterré aux côtés des siens, dans le caveau familial.

Rachi s'appesantit sur le mot de « Hessed » (bonté) suivi de « Emet » (vérité).

Une bonté de vérité, une bonté vraie, à quoi peut-on la reconnaître ? Précisément parce qu'il s'agit d'une promesse faite à quelqu'un qui va mourir, c'est le prototype même de la vraie compassion, qui n'attend rien en retour, qui est pure et désintéressée. L'hommage est rendu aux disparus sans aucune promesse de réciprocité.

Le passage, manifestement, inspire le professeur. Est-ce là qu'il a puisé l'idée d'une relation à autrui où je me dois à l'autre sans en attendre quoi que ce soit en retour ?

L'idée que le soin qu'on doit prendre des morts commence par s'affranchir de toute promesse d'un renvoi d'ascenseur impossible par définition, c'est aussi, conséquemment, l'idée que s'occuper de la mort d'autrui ou s'occuper d'autrui parce qu'il va mourir, c'est le geste par excellence de la bonté suprême.

Samedi 28 décembre
Lumières dans la ville

« Jacob sortit de Beersabée et se dirigea vers Haran. Il arriva dans un endroit où il établit son gîte, parce que le soleil était couché. Il prit une des pierres de l'endroit, en fit son chevet et passa la nuit dans ce lieu » (Genèse 28, 10-12).

Pourquoi mentionner la sortie du patriarche du lieu-dit alors qu'on eut pu simplement relever sa marche et son arrivée ? Rachi donne libre cours dans ce passage à son penchant poétique. Quand un homme de qualité, un Juste, quitte un lieu, tout se passe comme s'il portait en lui toute l'aura, toute la gloire, toutes les lumières de la ville.

Le professeur acquiesce. Paris, dit-il, c'est Bergson, c'est… Le public retient son souffle, on attend la suite, la liste des grands hommes et peut-être des grandes femmes qui font de Paris ce qu'il est. Mais la suite ne vient pas. Sans doute estime-t-il qu'il a déjà placé la barre très haut avec Bergson et qu'il ne pourrait dès lors que déchoir.

Rachi poursuit dans cette même veine poétique. Le patriarche s'arrête au milieu de sa route et s'apprête à se coucher car le soleil décline. Il ne décline pas à son heure mais par une inflexion divine. Comme si les règles de la nature elles-mêmes se pliaient pour répondre aux contraintes et au charme d'une interruption improvisée.

La poésie ne s'arrête pas là. Jacob ramasse quelques pierres qu'il place au-dessus de sa tête, et chacune des pierres semble crier « Moi, moi, moi ». Chacune voulait accueillir la tête du patriarche, jusqu'à ce qu'une main divine se charge de réunir toutes ces pierres en une seule. Ce qui explique qu'au réveil, le récit ne mentionne qu'une seule et unique pierre.

Cette façon de prier, de marcher, de se coucher en se jouant de toutes les règles, le commentateur champenois et le commentateur du commentaire s'y lovent avec délice et amusement, ce qui donne à ce passage un zeste de grâce.

Lundi 30 décembre
Un banquet philosophique

C'est toujours pareil, le samedi matin. Arrivé à l'angle de l'église d'Auteuil, j'hésite entre les deux itinéraires. Soit passer par la rue Leconte-de-Lisle, longer la rue Poussin, contourner la rue La Fontaine, traverser le marché et tomber sur la rue Michel-Ange. Ou alors prendre l'autre circuit, longer la rue d'Auteuil, passer par le restaurant du Mouton blanc et arriver au métro Michel-Ange Auteuil. J'hésite toujours entre les deux circuits, choisissant tantôt l'un, tantôt l'autre.

J'aime bien le Mouton blanc, depuis que j'ai appris que toute une joyeuse compagnie, Molière, La Fontaine, Boileau, Racine, enfin tous les grands noms qu'on trouve aujourd'hui sur les plaques des rues du quartier, se retrouvaient soit autour de la table de l'auberge, soit chez l'un d'entre eux pour refaire le monde.

C'est ainsi qu'une fois, la discussion s'est prolongée tard dans la nuit autour du thème : « La vie vaut-elle la peine d'être vécue ? » Les arguments étaient échangés de part et d'autre, non sans vivacité ni conviction, jusqu'au moment où les convives sont tombés d'accord. C'était entendu, la vie ne valait pas la peine d'être vécue. Et par conséquent, il convenait d'en tirer toutes les conclusions qui s'imposaient. Quitter derechef le restaurant, faire le chemin à pied jusqu'au pont voisin d'où on se jetterait dans la Seine glacée qui allait emporter les corps et mettre fin aux échanges.

On s'apprêtait donc à joindre le geste à la parole, tout ce beau monde se préparait à se précipiter du haut du pont quand Molière, le plus sage de la bande, ou peut-être le moins éméché, celui en tout cas qui avait gardé la tête froide, prit la parole pour tenter de raisonner ses amis.

C'est le fils de Racine qui en a fait le récit, et qui explique que Molière s'étant retiré tôt parce qu'il était souffrant, s'est fait réveiller par son valet. Il s'habille à la hâte et court retrouver ses amis avant qu'ils ne commettent l'irréparable. Un acte aussi noble, explique-t-il, ne doit pas se faire nuitamment, mais dans l'éclat du jour.

Pourquoi ne pas attendre le lendemain matin pour donner à cette marche glorieuse tout le lustre qu'elle méritait ? Les commensaux de ce repas en forme de banquet philosophique en convinrent facilement, l'argument ne manquait pas de pertinence.

Tout ce petit monde se mit donc à rebrousser chemin pour regagner chacun ses pénates en se donnant rendez-vous dès potron-minet le lendemain pour accomplir le grand exploit. Las pour nos convives, la nuit fut plus longue et porta conseil. Personne ne se rappela plus au réveil les plans funestes échafaudés la veille. C'est Chapelle, scientifique de l'époque, au nombre des convives, qui se montra le plus convaincant. « Venez boire ce qui reste de vin, nous nous noierons demain. »

Samedi 7 janvier
PMF et le bon Dieu

Dès qu'approchent les fêtes de fin d'année ou les vacances, souvent aussi en week-end, Auteuil se vide. Une sorte de langueur s'empare du quartier. On sent comme une pesanteur, l'atmosphère lourde de certaines villes de province. De ma fenêtre, j'observe le va-et-vient rue Leconte-de-Lisle, et j'ai l'impression de vivre dans un petit village. Ma sœur adore le quartier. Moi, ça dépend des jours. Il peut m'arriver de rester pendant des heures, le nez en l'air, à rêver de tout et de rien. De la journée qui s'écoule. Du tronc d'arbre en face de la maison. Ou de la dame au cabas qui traverse la rue avec gravité.

C'est depuis l'enfance. Je pouvais déjà rester des heures à la fenêtre et prendre plaisir à rêver, comme si l'observation prolongée du monde provoquait – comment dire ? – une plus grande intimité avec les choses. Je viens de lire *La nausée* de Sartre. Quel beau livre !

J'ai aussi vu Edmond ce matin au cours, le bras dans un plâtre d'une couleur improbable. Je lui demande ce qui ne va pas. Il esquisse un geste vague. Il a l'air pâle, si pâle. Il vient d'avoir une chute rue d'Auteuil. Et puis, il y a aussi la maladie de son neveu, dont j'apprends que c'est le fils d'une personnalité connue. « Le problème, c'est qu'il sait ce qui l'attend. Cette idée qu'ont les médecins d'aujourd'hui de tout dire. Pourquoi tout dire ? Vous savez que dans la tradition juive, c'est un des trois cas où il est permis de mentir. » Je demande quels sont les deux autres. « Eh bien, le jour de son mariage, il faut dire que la mariée est belle. C'est une obligation de le proclamer. Et puis, le troisième cas, c'est la permission de mentir pour préserver la paix des ménages. Vous n'allez pas courir raconter au copain que sa femme le trompe ! »

Nous reparlons de Pierre Mendès France. Il me dit que c'était un « bon juif », contrairement à ce qu'on a pu dire. Qu'au cours des dernières années de sa vie, il avait été très triste de n'avoir pas réussi ce dont il avait toujours rêvé : rapprocher Israéliens et Palestiniens.

Au fil de la conversation, Edmond a brusquement l'air moins pâle, moins sombre. Il a retrouvé la luminosité du regard. Il me confirme qu'effectivement Mendès France lui a demandé un jour – il s'en souvient parfaitement – de préparer son fils à la bar-mitsvah, mais en posant une condition : qu'il ne lui parle pas de Dieu. Moi, curieux : « Et vous l'avez fait ? » Lui : « Bien sûr que je l'ai fait ! » « Et vous vous êtes forcés à ne pas parler de Dieu. » Il s'esclaffe : « Bien sûr que non ! »

Samedi 14 janvier
Signe d'alliance

Une clinique à Créteil, nichée au-dessus d'un lac, dans un paysage de verdure. C'était tôt le matin. Tout avait l'air calme, paisible. Et tout est devenu irréel à partir du moment où nous sommes entrés, le rabbin Goldberg et moi, rejoints peu de temps après par le rabbin de la ville, et un autre jeune rabbin un peu fantasque.

Le Dr Weizman nous a fait remettre des blouses vertes qui se referment sur le dos, des mules en toile à enfiler aux pieds et un chapeau également en toile.

J'ai hésité à les accompagner au bloc opératoire. Qui suis-je, moi, dans cette histoire ? Le Dr Weizman a insisté. Nous sommes entrés. Weizman affichait un air détendu, rigolard, heureux. Les deux rabbins semblaient concentrés. Goldberg et moi étions en retrait.

Goldberg avait averti qu'il ne supportait pas les émotions, tombait facilement dans les pommes. Il s'est tenu à l'écart, confus d'être aussi sensible. Moi, inquiet, mal à l'aise, mal au dos, triturant une ceinture en toile de ma blouse.

Rafaël est étendu, nu, le visage reposé. Il promène un regard circulaire et attendri, comme celui d'un enfant. Quand on le découvrira tout à l'heure et qu'apparaîtra son long corps pâle, son sexe endormi, cette impression se fera plus forte d'une grâce enfantine.

« Merci d'être venu », a-t-il murmuré « Ce n'est pas Abraham, on n'en est plus au silex ! » Il a ajouté avec un demi-sourire : « Même la famille royale britannique s'y est mise, on peut lui faire confiance. »

Goldberg l'a rassuré : « Tout va bien. » J'ai ajouté bêtement : « Tout va bien. » Vint ensuite l'anesthésiste. Rafaël a continué à nous chercher des yeux, puis d'une petite voix, levant péniblement la main de sous son drap, il nous a fait signe et a susurré : « Je m'en vais. » Que dire à cela ? Nous avons fait un signe, l'air de dire : « À tout à l'heure ! »

Goldberg et moi sommes en retrait. Mais je me suis aperçu plus tard que j'avais tout vu. Le drap dévoilant le corps. Les grands gestes de badigeonnage. Les battements réguliers du cœur sur l'électrocardiogramme. Le corps offert, et la toile verte trouée qui l'a recouvert. Dieu ! Quelle étrange motivation peut pousser un homme à faire cela ? À vouloir imprimer dans le plus intime de sa chair une blessure volontaire ? « Et le 8e jour, il occira la chair de son excroissance. »

Signe de l'alliance. Refaire le geste inauguré il y a des millénaires par un patriarche ! Vouloir vivre cette convulsion jusqu'au bout. Jusqu'au point de non-retour. Souffrir pour cela.

Je suis hébété. D'où vient cette passion, cet amour, cette envie insensée de rejoindre un peuple où Dieu vous a fait la grâce de ne pas naître ?

Ou alors les convertis ne seraient-ils – comme on le dit parfois – que des âmes perdues qui rejoignent leur lieu originel ? Peut-être.

Les trois rabbins ont murmuré la bénédiction d'usage : « Béni sois-tu, maître du monde, qui nous as prescrit de circoncire les étrangers. »

J'ai regardé en face de moi, dans un coin, une rangée de lampes dans leurs boîtes, l'une par-dessus l'autre. Que font diantre ces lampes dans un bloc opératoire ? Et puis, la tête des infirmières ! Ce spectacle irréel ! Ce corps magnifique ! Cette étrange cérémonie menée par un chef de clinique.

Weizman est penché. Il retourne le gland, essuie le sang, s'active. Mais tout a l'air simple et naturel (« Il y avait une atmosphère de sainteté », dira-t-il plus tard à Rafaël et aux rabbins).

On a entendu un léger râle de Rafaël. L'infirmière a soulevé l'appareil respiratoire, laissé s'échapper le souffle, puis reposé l'appareil.

Je n'ai pas vu le reste. Tout a été très vite ensuite. Nous sommes remontés au bureau du docteur. Juif religieux, Weizman avait l'air heureux. Il a demandé si nous souhaitions faire une bénédiction sur le vin. Goldberg a répondu que ce n'était pas utile, qu'il fallait attendre la cérémonie du « Mikveh ».

Nous avons échangé quelques propos sur la conversion de Rafaël, le long chemin parcouru. « Oui, a dit Weizman, il avait l'air d'avoir beaucoup attendu ! » Goldberg a dit quelques mots encore sur les trois signes réels, tangibles, de la conversion – le shabbat, nul ne pouvait le respecter intégralement avant d'avoir été converti –, la circoncision et les phylactères. J'ai voulu attendre Rafaël pour lui dire bonjour à son éveil, dans sa chambre, pour qu'il voie un visage ami.

Une infirmière nous a avertis qu'il ne remonterait pas avant une heure. Nous sommes donc allés dans sa chambre et lui avons laissé un mot. Que lui dire ? Bienvenue dans ce monde où tu ne sais pas ce qui t'attend ? Bienvenue à toi qui as choisi la servitude volontaire ? J'ai écrit simplement : « Affectueux Mazal Tov », et nous nous sommes retirés.

Dans la chambre, les trois rabbins ont rédigé l'attestation : « A été circoncis selon la religion et la loi juive. » Voilà. C'est fait. Ce soir, ou demain, va-t-il s'apercevoir qu'il n'est plus tout à fait le même ?

Seigneur Dieu, moi qui n'ai jamais prié que pour la beauté des mélodies, le regard des jeunes filles ou la nostalgie de l'enfance, faites que cette conversion le préserve identique à lui-même !

Samedi 18 janvier
La douceur de l'eau

« Moïse implora l'Éternel qui lui indiqua un bois qu'il jeta dans l'eau, et l'eau devint potable » (Exode 15, 25).

Les Hébreux viennent de traverser la mer des Joncs. Myriam, la sœur de Moïse, a saisi un tambourin et entonné des chansons de gloire accompagnées de femmes qui la suivent. Mais voici que le peuple continue à marcher pendant trois jours dans le désert sans trouver à boire. L'eau de Marra, où ils sont arrivés, s'avère amère comme son nom l'indique, et le peuple commence à manifester son irritation.

Dans la tradition juive, souligne le maître, qui a besoin de donner au texte une contenance, le bois fait référence à l'étude. « L'étude est comme un bois de vie pour ceux qui le tiennent entre leurs mains », dit la tradition.

Non pas que le bois suffise à assouvir la soif des hommes et des femmes, mais c'est l'étude qui est désignée du doigt, elle qui requiert ce mélange de dureté, d'âpreté, de solidité alliées à la douceur et à la fluidité de l'eau. Il convient de jeter le bois dans l'eau pour l'adoucir, le ramollir, le liquéfier et le rendre plus friable.

Samedi 25 janvier
Craindre Dieu

La péricope des Dix commandements (Exode, chapitre 18). Comme souvent, comme tous les ans, le professeur aime à rappeler que la tradition enjoint de placer les cinq premiers commandements en face des cinq derniers, de sorte que le premier et le cinquième soient situés en vis-à-vis. Qu'à « Je suis l'Éternel ton Dieu » réponde comme en écho ou en prolongement « Tu ne tueras point ». La manière pour Dieu d'advenir, c'est de s'inscrire dans le visage d'autrui comme une interdiction d'y porter atteinte. Il n'y a pas d'autre façon de craindre Dieu que de craindre pour l'autre.

« Double intentionnalité », commente le philosophe, comme quand vous dites que vous avez « peur du chien », ce qui signifie que vous avez « peur pour vous ». J'entends Eglal, une amie égyptienne, assise derrière moi à côté de Rafaël, murmurer : « C'est drôle, mon père qui était complètement athée, n'invoquait Dieu que quand il s'agissait de me protéger. »

Le professeur a choisi les derniers versets de la péricope. « Et tout le peuple vit les voix. » Rachi : « Ils virent de leurs yeux ce qui ne peut être qu'entendu. » Edmond, après le cours, à la sortie, nous dira, triomphant : « C'est comme dans la musique, on voit la partition musicale et on entend des voix ».

« Et Moïse s'approcha de la brume où se trouvait l'Éternel. » C'est comme cela dans le judaïsme, explique le professeur, il faut écarter l'obscurité pour découvrir une étincelle du divin.

« Vous ne ferez pas de dieux d'argent et de dieux d'or. » Méfiance, dit le philosophe de tout ce qui est brillant, trop brillant.

À la fin du cours, il converse avec quelques fidèles qui l'entourent et parle d'un ouvrage collectif où il rend lui-même hommage à un maître d'avant-guerre. « Oui, pour lui, c'était l'Europe. Et l'Europe, c'était l'Allemagne, Goethe, Schiller… Rien d'autre n'existait. Le reste était quantité négligeable. »

Quelqu'un parle d'une biographie qui est annoncée en librairie. « Oui, j'ai vu cette jeune dame. Le principe est de trouver uniquement des choses gentilles à dire sur soi. »

Comme c'est dommage de commencer à écouter vraiment et de s'attacher à ces cours au moment où ils s'effilochent.

Samedi 1er février
Une bretelle dans les nuages

« N'accueille point un rapport mensonger. Ne sois pas complice d'un méchant en servant de témoin à l'iniquité. Ne suis point la multitude pour mal faire, et n'opine point, sur un litige, dans le sens de la majorité, pour faire fléchir le droit. Ne sois point partial pour le pauvre, dans son projet » (Exode 23, 1-4).

Au milieu de toute une séquence sociale qui suit d'ailleurs la lecture des Dix commandements, où il est prescrit de s'éloigner du mensonge, de rejeter la corruption, de ne pas léser l'étranger, on trouve ce commandement visant non pas à privilégier le riche et le puissant mais au contraire à ne pas privilégier le pauvre et l'indigent. Rachi commente : « Ne lui fais pas honneur au tribunal, ne cherche pas à le blanchir en disant : il est pauvre, je vais plaider en sa faveur et le disculper. »

Fidèle à son approche qui consiste toujours à ne jamais commenter le texte mais à se borner à commenter le commentaire, le maître est tout à son aise avec ce verset qui manifestement l'inspire. Il y voit un modèle, une sorte de commandement parfait.

Avec Simon H., le compagnon d'échange de mon frère Victor et le mien aussi depuis si longtemps, nous évoquons ces moments du cours où le philosophe se sent en totale adéquation avec le récit biblique.

Il ne fallait pas expulser le pauvre de la condition humaine. Il ne fallait pas lui ôter sa dignité d'homme, lui réserver une justice particulière, comme s'il n'avait pas droit à la justice de tous.

Visiblement, la péricope de la semaine l'inspire. Elle est riche, pleine de sève, de sorte que d'une année à l'autre, il va grappiller les trois versets, tantôt ici et tantôt là.

Ici, par exemple, dans ce passage où il voit un pendant au « Tu aimeras tes ennemis » des Évangiles. Il n'est pas prescrit d'aimer son ennemi dans la tradition juive, sauf dans une occurrence où cet amour est possible, où il est même prescrit. « Si tu trouves le bœuf ou l'âne de ton ennemi ployant sous sa charge, garde-toi de l'abandonner, aide-le au contraire à le décharger » (Exode 23, 5).

Ou là encore, à la fin de la péricope, ce passage où Moïse est invité à monter sur le mont Sinaï pour y recevoir les Tables de la Loi. « Moïse pénétra au milieu du nuage et s'éleva sur la montagne, et il resta sur cette montagne quarante jours et quarante nuits » (Exode 23, 1).

Le maître s'intéresse à ce « Av Heanan », le corps ou la tessiture ou le milieu du nuage et goûte la manière poétique dont Rachi va filer la métaphore. Qu'est-ce donc que ce geste divin qui consiste à prendre Moïse par la main et à lui faire traverser les nuages pour lui remettre les Tables de la Loi ?

Pour Rachi, qui fait souvent de la philologie ou de la grammaire pour éclairer le texte, ce nuage à l'intérieur duquel le visiteur va se faufiler pour trouver sa voie, n'est rien d'autre qu'une sorte d'« écran de fumée ». Dieu a montré à Moïse un sentier, une route, un passage, une bretelle.

Samedi 1er février
Élection et sens moral

Nous avons parlé au café, très longuement, du professeur. Elle m'a dit ce qui lui semblait le plus faible chez le philosophe, c'est que le christianisme au fond a davantage été fidèle à ce qu'il pense. Et aussi que son idée la plus originale – cette manière de voir l'élection comme inséparable du sens moral – était discutable sur un seul point : elle n'est valable qu'à titre individuel, une collectivité ne pouvait pas se dire élue.

J'enviais son aisance, sa liberté, et aussi cette faculté qu'elle a toujours d'entrer dans une conversation intellectuelle très vite, sans préalable, sans avoir besoin de tourner autour. Elle est revenue sur l'idée qu'elle n'aime le professeur qu'à l'écrit. Oralement, elle ne supportait pas. Moi, j'avoue aimer sa manière de brasser l'air, ses mimiques, ses gestes gourmands, ses hésitations, son refus des envolées, et puis ses maladresses aussi. La semaine dernière, il a félicité la jeune fille préposée à la lecture du Rachi en lui disant : « C'est très bien, vous êtes aussi bonne que celle qui était là la semaine dernière. » Elle, piquée : « Mais c'était moi, la semaine dernière ! » Cela a déchaîné les rires, et lui : « C'est si bien qu'on a l'impression que c'est nouveau. »

Samedi 8 février
La colonne et le cercle

« Tu passeras ces barres dans les anneaux, le long des côtés de l'arche, pour qu'elles servent à les porter. Les barres, engagées dans les anneaux de l'arche, ne doivent point la quitter » (Exode 25, 13-15).

Le principe, pour tous les fidèles du cours, est de retrouver d'une année à l'autre quelques ligaments qui sont restés accrochés à la mémoire. Ainsi ce passage sur la construction du tabernacle. Le texte est très précis et les instructions entrent dans les détails. Les barres doivent venir s'insérer dans les anneaux et être installées des deux côtés de l'arche, en sorte de pouvoir transporter l'arche d'un lieu à l'autre. Mais le verset biblique est clair. Les barres seront à l'intérieur des anneaux et elles n'en bougeront pas. Comment doit-on porter le livre ? De quelle manière doit-on le faire avancer ? Selon quelle modalité peut-on le faire mouvoir, le faire bouger, le transporter ?

Le texte insère dans le mobilier de l'arche la manière dont il faut lire, et la manière aussi dont il faut s'imprégner. Toujours, éternellement ose affirmer le commentateur champenois, les colonnes doivent bouger à l'intérieur des cercles. Rien ne doit être figé. C'est le paradoxe de la colonne et du cercle. Le jeu est continuel entre l'une et l'autre. Toujours dans cet espace se lovera un éternel va-et-vient, comme un mouvement perpétuel. Mais à l'intérieur de ce mouvement, il faut que subsiste un intangible. Un noyau dur qui ne bouge pas. Voilà donc comment il faut porter le tabernacle, c'est-à-dire comment il faut le transporter, comment il faut le transmettre, comment il faut le lire.

Samedi 15 février
Bienvenue au club

J'ai eu rendez-vous hier matin avec Rafaël rue Julien-la-Croix. Le « Mikveh » est attenant à une synagogue. Les fidèles ont fini de prier. Ils sont réunis dans une sorte de cantine où ils prennent leur petit-déjeuner. Assis en rond, derrière des tables, ils avalent goulûment leurs cafés et croquent leurs croissants. Impression d'étrangeté. Des visages durs, hâves, mal rasés. Le dirigeant de la communauté juive entonne un discours sur la figure de Balak. L'assistance hoche la tête, comme prise dans un ronron familier.

On nous propose un café, à Kaçman – l'ami de Rafaël – et à moi, et puis on s'aperçoit qu'il n'y a plus qu'une tasse. « Peu importe », dis-je en déclinant gentiment.

Le rabbin Bruel arrive dans un beau costume à rayures bleu marine et une chemise blanche, et introduit un peu d'humanité dans ce décor improbable.

Il nous salue et nous montre le chemin pour rejoindre Rafaël. Il nous fait faire le tour du bâtiment et descendre par les escaliers. Le « Mikveh » est là.

Nous découvrons Rafaël assis sur un banc, dans une sorte de couloir humide. Il est face à des toilettes dont la porte est ouverte, et à sa gauche trône un immense distributeur de Coca-Cola. Il a mis son plus beau costume comme s'il s'attendait à recevoir la légion d'honneur et il attend là depuis trois bons quarts d'heure.

Une colère sourde monte en moi. Pourquoi faut-il que cela se passe ainsi ?

Je l'imagine, méditant sur son entrée dans le judaïsme devant une cuvette de waters et un distributeur de boissons gazeuses. Si seulement j'arrivais à me convaincre qu'on l'avait fait exprès pour multiplier jusqu'au terme échu les obstacles et les tentatives de découragement ?

Rafaël a conservé le sourire. Il écoute sagement les mauvaises blagues de Kaçman, rit même de bon cœur à celle de la candidate à la conversion qu'on a fait plonger dans le « Mikveh » et qui, surprise par l'eau froide, s'écrie : « Doux Jésus ! » Il prête attention aux recommandations que lui donne son ami.

M. Bruel entre avec deux autres rabbins et nous enlève Rafaël pour un ultime « questionnaire ». En attendant, un employé des lieux nous fait visiter le « Mikveh ». C'est une sorte de piscine en terre très étroite, d'environ un mètre sur deux, à laquelle on accède par un petit escalier. L'eau est une eau de pluie, recueillie par un système de conduites intérieures. On y accède en passant par un long couloir où ont été aménagées des douches et des baignoires. Les usagers doivent en effet se laver d'abord avant de se purifier dans les eaux baptismales.

Nous regagnons le salon d'attente, lequel entre-temps s'est quelque peu garni. Deux hommes patientent en regardant le plafond d'un air inspiré. Ils guettent les épouses futures qui sont là-haut et qui « planchent » elles aussi. Seront-elles recalées si elles ne répondent pas correctement au « quiz » ? M. Bruel revient et nous invite à le suivre au « Mikveh ». J'arrive difficilement à me départir de l'impression qu'on va assister au bain du petit, qu'on va le voir barboter avec des petits canards...

Rafaël est nu dans son bain. Nous sommes là, les trois rabbins, Kaçman et moi, dans une position surélevée. Il a les yeux tendus vers nous. Le rabbin Bruel lui demande de ne pas s'accouder au mur, de laisser les bras ballants et de plonger le corps tout entier dans l'eau. Rafaël obtempère.

La scène se répète trois fois. Il le fait ensuite s'approcher de lui et lui fait réciter la prière.

« Béni sois-tu... qui nous as prescrit le commandement du baptême. »

Puis une seconde prière : « Bénis sois-tu... qui nous as fait vivre, nous as préservés et nous as fait parvenir à ce moment-ci. » Il lui fait promettre ensuite de rester fidèle aux commandements divins.

« Voilà, vous êtes juif, comme nous », a-t-il conclu. Puis il a ajouté : « J'espère que nous serons fiers de vous, et j'espère aussi que vous serez fier de nous ! » Ces derniers mots m'ont ému. J'ai été heureux qu'ils fussent prononcés en cet instant et qu'ils le fussent de cette façon. Ces quelques mots soudain, m'ont semblé justifier la cérémonie. Rehausser aussi ce lieu qui, du coup, parut habité et presque gai.

Nous sommes sortis sur le palier pendant que Rafaël se rhabillait. Je l'ai accueilli par ces paroles un peu stupides mais qui, dans la gaieté du moment, furent presque naturelles : « Bienvenue au club ! » Nous sommes allés manger ensemble, avons raconté quelques blagues juives, « charrié » les rabbins...

Rafaël est juif. Il a l'air à la fois grave et gai. Puisse-t-il conserver ce mélange sans lequel le judaïsme s'abêtit très vite !

Samedi 22 février
Le poids des mots

Et si tout cela était né d'un malentendu ? Et si je m'étais totalement planté ? Si elle avait dit « Je pense à toi » comme elle aurait dit « Je pense à vous ». Serait-ce que tout cela se fût échafaudé dans ma tête ?

Près de sept mois sont passés. Et j'en suis toujours à me poser la question. A-t-elle dit : « Je pense à toi », « Je pense à toi... », « Je pense à toi !!! » Avec quelle intonation ? Et qu'est-ce que cela voulait dire ? « Je pense à toi, la pensée de toi est en moi, il n'y a de place pour rien d'autre, je ne pense qu'à toi. » Ou encore « Je pense à toi... », intonation un peu vive, un peu enjouée, comme : « Je pense à vous Dugommeau pour votre augmentation ! »

Si on savait le poids des mots sur les autres, la charge qu'ils peuvent déclencher, on se tairait, on ne dirait plus rien. C'est cet après-midi de juillet que cette bulle est née, qu'elle a grossi sans que j'y prenne garde. Et aujourd'hui, j'ai l'impression que si elle éclatait, je ne saurais plus quoi faire.

Samedi 1er mars
La malveillance

Cours du professeur. La péricope de la semaine porte sur une « tumeur lépreuse » (Lévitique, chapitre 12). « L'Éternel parla ainsi à Moïse et à Aaron : S'il se forme sur la peau d'un homme une tumeur pouvant dégénérer sur cette peau en affection lépreuse, il sera présenté à Aaron le prêtre ou à l'un de ses fils ».

IL devra être isolé, dit Rachi, de la même manière qu'il a provoqué lui-même l'isolement par la calomnie, la malveillance, la « mauvaise langue ».

Le professeur chérit particulièrement cette relation établie par le commentateur champenois entre la « mauvaise langue » et la tumeur. Comme si ces on-dit chuchotés à l'oreille se mettaient soudain à éclore, à fleurir sur le visage, à affecter tout le corps et jusqu'aux habits et à l'environnement. Comme si l'insinuation sournoise, proférée à l'abri des regards, était par elle-même le début de la lèpre.

Et de rappeler une fois encore que dans la tradition juive, dire du mal, se rendre coupable de « mauvaise langue », c'est engager la faute de trois individus à la fois : l'auteur du propos, le destinataire du propos, et celui dont il est question. Tous trois sont décrétés responsables et coupables. Pourquoi ? En quoi la tierce personne est-elle fautive ?

L'interlocuteur a pu, à la rigueur, prêter une oreille complaisante, ou en tout cas n'a pas coupé court au bavardage. Mais le sujet de la malveillance lui-même n'est pas exempté. Il est absent, mais on estime sans doute qu'il n'est pas tout à fait indemne s'il a pu donner prise ou susciter malgré lui la « mauvaise langue ». Personne ne sort entièrement innocent de cette affaire.

Samedi 8 mars
La voix et le phénomène

« L'Éternel appela Moïse et lui parla de la tente d'assignation » (Lévitique 1, 1).

Il nous faut sans cesse revenir à l'approche, à l'abord, à la méthode, à la manière. Tout ce qu'il a appris à

Fribourg-en-Brisgau, à l'école des phénoménologues. Revenir aux « choses elles-mêmes ».

Ce qu'on aime dans la Bible, c'est tant de choses précisément. Les scènes qui réapparaissent et se dédoublent d'un patriarche à l'autre. Des jeunes filles au bord d'une fontaine qui font boire des chameaux. Des jeunes hommes qui tombent de leur monture à la vue de leur promise. Des frères qui se détestent et qui s'aiment, qui se séparent et se retrouvent en pleurant chacun sur les épaules de l'autre. Des figures tragiques ou attachantes, traçant chacun sa route. Des déluges. Des tours de Babel. Des prêtres. Des magistrats. Des leaders. Des prophètes. Des femmes. Des hommes. Des rébellions. Des révoltes. Des libérations. Des successions. Des mers qui s'ouvrent. Des ânesses qui parlent. Et puis aussi, des commentaires qui s'ajoutent aux commentaires. Et cette approche singulière du maître, qui fait que dès qu'on a une familiarité avec cette façon-là d'approcher le texte, on devine très vite à l'oreille, les versets qui vont l'inspirer dans la péricope et dont il va faire son miel.

Le maître traverse ce champ magnétique armé du seul commentaire de Rachi (assorti quelquefois du Midrash, et ici et là d'un apologue talmudique). Ce qui l'intéresse, c'est rarement l'aspect psychologique des personnages ou leur dimension de piété. Non, ce qui l'attire, c'est avant tout le moment philosophique. « Et il appela ». Et « il dit ». Les deux verbes ne sont pas concomitants. Ils sont consécutifs.

Celles et ceux d'entre nous qui avaient connaissance de l'autre versant du maître, le philosophe enseignant à la Sorbonne et l'auteur de gros traités savants, étaient à même de goûter les subtiles distinctions entre le « dire » et le « dit ». On en appelle à, on attire l'attention de, on tourne le visage vers, mais on est encore dans le domaine du « dire ». On s'apprête seulement à parler et à s'adresser à autrui. Cette adresse n'est pas encore une interlocution. Elle ne le deviendra que lorsqu'on sera passé du « dire » qui est une préhension générale à un « dit » qui, du coup, signifie plus qu'une présence, plus qu'une sollicitation, un discours qui s'enclenche et un dialogue qui s'établit.

Rachi n'a pas la tête très philosophique. Grammairien, philologue, il joue avec les langues. Mais il perçoit très vite qu'entre l'appel et la parole, il faut aménager un espace, un sas de protection.

C'est ainsi que la péricope de la semaine s'ouvre sur l'appel de Dieu à Moïse, suivi d'une parole qui surgit de l'intérieur de la tente d'assignation.

On retrouve chez Rachi cette dichotomie entre la voix et le phénomène, entre la manifestation de la présence et le retentissement de la parole.

Et le commentateur champenois de préciser qu'avant toute parole, toute attestation, toute injonction, il y a comme un appel affectueux qui voudrait rapprocher, à la manière des anges qui s'interpellent l'un l'autre.

Samedi 15 mars
Un pain en visages

Il faudrait pouvoir interroger les gens à la sortie du cours pour leur demander ce qu'ils ont retenu. Ce serait intéressant à savoir. Je ne sais pas pour les autres, mais pour moi, selon le cas, c'était une formule, une phrase, un mot, une intonation, une citation, un raisonnement... Chaque fois, quinze ou trente secondes sur vingt minutes de cours. Mais ces quinze secondes restent fichées dans la tête.

Avec Rafaël, nous avons convenu que le cours, cette semaine, avait été maigre. Le professeur s'était trompé de passage. Il en avait donné un à apprendre à l'élève et retenu un autre pour lui. Le résultat cafouillait un peu.

Je me suis aperçu cette semaine que le silence d'après le cours fait partie du cours. La mise en scène, la lecture par les élèves, les protagonistes, les fidèles, les intermittents, les visiteurs d'un matin, tout cela appartient au cours.

À la fin de la séance, Barbara s'est approchée de moi, l'air un peu agacé. « Il n'y a pas eu grand-chose aujourd'hui. Sauf que “Panim”, le visage en hébreu, est un pluriel. Ce que je savais mais que j'avais oublié. »

Il y a aussi ce « pain de proposition », littéralement appelé « pain en visage » en hébreu, parce que c'est un pain qui est tourné vers l'extérieur, un pain ouvert, un pain qui n'est pas fermé sur lui-même.

Samedi 26 mars
Connaissez-vous Franz Werfel ?

Mort de Satyajit Ray. Vu ce beau film à la télévision, *La déesse*, et me suis souvenu aussi du *Salon de musique*, de son atmosphère prenante.

Nous avons été invités, Rafaël et moi, à déjeuner chez Edmond. Il y avait là sa femme et ses deux enfants. Je me suis senti un peu perdu dans une discussion animée sur l'antique coutume du « lévirat », cette tradition religieuse juive qui consistait à prescrire à la veuve d'épouser le frère du mari défunt, et sur la nécessité, pour y échapper, de faire déchausser le beau-frère récalcitrant.

Rafaël a fait quelques blagues sur les chaussures. Et France, la femme d'Edmond, a évoqué le cas du philosophe Althusser qui a fini par étrangler sa femme dans une crise de démence à la fin de sa vie. Althusser était, semble-t-il, le produit malheureux d'un lévirat si j'ai bien compris... À moins que ce ne soit plutôt le produit d'un lévirat malheureux, a rétorqué Edmond... Tout cela m'est passé largement au-dessus de la tête.

J'étais assez intimidé. Je n'ai pas dit deux phrases au cours de ce déjeuner, mais je ne me suis pas ennuyé une seconde. Il y a quelque chose d'évanescent chez Edmond qui m'attire. Et puis, je le trouve très drôle.

C'est comme sa rencontre, l'autre jour, avec les gens qui distribuaient le journal *Présent* devant le métro Michel-Ange. C'était samedi matin. Ces garçons, plutôt sympathiques dit Edmond, se sont approchés de lui. « Non, merci, je ne peux pas prendre votre journal parce que je n'ai pas le droit de porter le shabbat ». Eux, interloqués : « On croyait que vous n'aviez pas le droit de travailler seulement ! » Alors il a entrepris de leur expliquer par le menu, et ils se sont mis à bavarder de choses et d'autres. Ils ont parlé des Arméniens notamment. Pourquoi, ont-ils dit, ne parle-t-on pas du massacre des Arméniens ? Eux aussi ont été massacrés. Lui : « Vous connaissez Franz Werfel ? C'est un juif autrichien qui a beaucoup écrit sur le sujet. » Ils ne connaissaient pas, ont paru légèrement intéressés quand il leur a dit que c'était l'époux d'Alma Mahler.

Eux : « Ils font tout pour faire déraper Le Pen ! » Lui : « Oui, mais pourquoi alors se laisse-t-il piéger ? Il est un peu bête, votre chef, avec ses détails et ses astuces sur Durafour crématoire. »

Samedi 29 mars
De Gaulle, René Char et Debussy

J'ai appelé pour prendre des nouvelles d'Edmond qui est tombé par terre en rentrant de la synagogue chez lui et s'est fendu l'arcade sourcilière. Il me raconte sa chute, comment une passante l'a aidé à se relever en lui donnant des kleenex, et comment il a dû s'immobiliser avec ses kleenex à nouveau pour ne pas porter pendant le shabbat. Quelle dérision ! Ou quelle audace !

Est-il allé voter pour les dernières élections ? Non, il est apatride, n'est jamais devenu français. Pour quelle raison ? Il ne sait pas. Sa femme est française. Ses deux enfants le sont aussi. Lui n'a jamais fait les démarches pour. Il y a pourtant de grands Français qu'il aime. Le général de Gaulle. Et puis René Char, dont il sait des vers par cœur qu'il me récite, tirés du « Sommeil ». Et Debussy bien entendu.

Nous dévions sur la musique. Et il me reparle de Boulez qu'il a connu dans le temps et qui s'approche parfois de lui sans le reconnaître, mais qu'il aime profondément parce qu'il porte en lui de grands rêves qu'il n'a jamais réalisés (« Comme vous ? » ai-je failli lui demander). Il me parle d'un disque « fabuleux » de Stockhausen sur Daniel dans la fosse aux lions qu'il ne peut pas prêter parce qu'il l'a passé et repassé tant de fois qu'il n'est plus audible. Je lui demande s'il écoute maintenant de la musique. Non, répond-il mais la semaine dernière, en vacances avec France, il a écouté la radio tous les jours.

Nous revenons sur un sujet sur lequel je le titille souvent. Pourquoi délaisse-t-il la musique ? « Mais j'ai entrepris ce travail avec les élèves de l'internat, dit-il, c'est un peu ma mission. » Moi : « Mais le talent musical, c'est aussi une grâce divine ! » Lui : « Sans doute, mais vous savez, ce que je fais, personne ne le fera à ma place ! » Je m'arrête. J'ai trop peur d'insister.

Samedi 9 avril
La moisson et le temple

« Et quand vous ferez la moisson sur votre terre, tu laisseras un carré au bout de ton champ, et tu ne ramasseras pas les glanes de ta moisson. Tu les laisseras au pauvre et à l'étranger ; je suis l'Éternel ton Dieu » (Lévitique 23, 22).

Dans ce passage de la péricope dite « Emor » (proclame ou dis), il est question de l'obligation qui est faite à celui qui s'adonne à la moisson, de toujours laisser un carré de terre inachevé au bout de son champ. Ce carré est destiné expressément au « pauvre et à l'étranger », ces deux catégories étant toujours associées, comme si le pauvre était toujours un peu étranger, et comme si l'étranger était au surplus menacé de pauvreté.

Le commentateur champenois s'intéresse particulièrement à l'emplacement de ce verset, encadré par les prescriptions et obligations relatives aux sacrifices prévus aux grandes fêtes de pèlerinage au temple.

Pour quelles raisons a-t-on rapproché ce passage du « carré de champ » avec les rites sacrificiels des grands pèlerinages ? Rachi a son idée : quiconque se préoccupe d'abandonner une partie de sa moisson au pauvre et à l'étranger, quiconque s'acquitte de cette obligation, on considère que c'est comme s'il avait construit le temple de ses propres mains.

Rachi ne lésine pas avec cette prescription. Elle n'est pas mineure. Elle ne relève pas de la bienveillance ou de la bonne intention. Elle est au cœur de la vie religieuse. Elle est équivalente au temple lui-même.

Samedi 16 avril
Le monde de l'Onaa

Nous sommes avec mon frère et mon neveu, et nous parlons – de quoi pourrions-nous parler d'autre ? – de la péricope de la semaine, et particulièrement d'un passage sur la « Onaa », notion qui a donné naissance à tout un livre d'Henri Atlan.

Victor a dans son salon une pile de livres dont il hésite encore sur le sort qui leur sera réservé. Les donnera-t-il à une bibliothèque ? Un centre communautaire ? Une librairie ? Il hésite et nous tombons d'accord sur le fait qu'il y a des livres qu'on a lus, qui nous ont nourris, qu'on a annotés, et qu'on aurait joie à revoir là, au moment où nous parlons. Mais voilà, lui et moi savons qu'on aura plus vite fait de racheter le livre que de le chercher dans nos rayonnages sans la moindre chance de tomber dessus.

Il faut se rabattre sur Rachi et aller trouver ce qu'il dit sur le monde de la « Onaa ». L'exégète français aménage deux entrées. Sur le premier verset, « Ne vous lésez point les uns les autres » (Lévitique 25, 14), il fait un commentaire sobre, laconique. Il s'agit d'une lésion matérielle, financière. Ne vous rendez pas coupable d'une telle lésion, dit le texte.

Le second verset n'est pas très éloigné du premier. « Ne vous lésez point l'un l'autre » (Lévitique 25, 17). La redondance n'a pas échappé à notre exégète national qui perçoit, dans la seconde occurrence, une lésion du propos, une charge en parole. Il est donc recommandé, dans cette autre perception de la « Onaa » de ne pas rapetisser son prochain, de ne pas lui donner sciemment un mauvais conseil, dont on saurait pertinemment qu'il ne lui convient pas.

Nous avons longuement échangé autour de ce verbe étrange, qui n'a pas d'autre occurrence dans la Bible et dont on ne sait pas trop quelle est la racine hébraïque. Victor propose d'y voir le « Ayin », c'est-à-dire le rien, le néant, le négatif. Dans cette seconde forme de lésion, qui n'est pas une plaie d'argent ni une agression économique, il est question du refus de donner à autrui la place qu'il estime devoir être la sienne, la volonté de le diminuer, de le rabaisser, d'abolir sa présence et de le réduire à rien.

J'ai trouvé très pertinente, à partir de la racine hébraïque, cette double vision de la « Onaa ». Agression physique d'une part. Néantisation psychologique d'autre part.

Je crois me souvenir que dans son livre *De la fraude, le monde de la Onaa*, Atlan distinguait entre le domaine de la transaction financière et les blessures verbales infligées par des paroles mauvaises. Le monde de la Onaa, tel qu'il apparaît chez lui, est un manque, un quasi-mensonge, une manigance. Une supercherie proche de la mauvaise foi.

Samedi 20 avril
Un feu étrange

« Suivent les engendrements d'Aaron et de Moïse, à l'époque où l'Éternel parlait à Moïse sur le Mont Sinaï » (Nombres 3, 3).

Étrange passage, fait observer Rachi, où on s'apprête à donner la liste des enfants du prêtre et du législateur, et où on ne donne que les noms des fils d'Aaron. La raison en est simple, souligne notre commentateur. Les fils d'Aaron sont évoqués comme des engendrements de Moïse parce qu'il leur a enseigné la Torah. D'où l'on apprend que quiconque prodigue un enseignement aux enfants qui ne sont pas les siens, on considère que c'est comme s'il leur donnait la vie.

Il s'agit pourtant de Nadav et Avihou qui périront par leur faute, pour avoir introduit dans la tente d'assignation un « feu étrange ».

L'exégète champenois détaillera ailleurs l'explication de ce « feu étrange ». Étaient-ils grisés ? Ont-ils rempli leur office avec une ferveur extrême ? Se sont-ils laissé aller à une trop grande familiarité avec le divin ? « Ils rentraient et sortaient à tout bout de champs » dit l'exégète.

Tous ces écarts qui leur seront fatals n'empêcheront pas de rendre hommage à celui qui les a éduqués, formés, orientés, et qui a été un peu leur précepteur et leur père spirituel.

Samedi 27 avril
Mademoiselle Boulanger

Edmond m'a appelé hier soir. Je lui ai parlé de Rafaël, de sa souffrance, de cette « conversion » qu'il a attendue si longtemps. Ne pouvait-on pas lui donner un coup de pouce là-bas, dans les instances consistoriales ? Il a l'air choqué de ce que je lui raconte. « Comment osent-ils ? Il est aussi juif que nous, sans doute plus. Il n'a pas de gravité, pas de solennité surfaite, il a même intégré l'humour, la distance... »

Je lui apprends que Rafaël a dû quitter sa petite amie il y a quelques mois, qu'il se sent seul. Edmond ne se départit pas de son humour. « Vous êtes sûr que ce n'est pas parce qu'elle était moche ? » Et il ajoute, pince-sans-rire : « Moi, j'ai eu un jour à quitter une Américaine parce qu'elle n'était pas pieuse. Elle m'a dit : OK, je te souhaite tout le bonheur du monde, mais prends garde, que je ne surprenne pas avec une fille plus jolie mais moins pieuse que moi. »

Je lui dis au passage que j'ai pensé à lui dimanche soir dernier en regardant Pivot qui recevait Manuel Rosenthal et Daniel Barenboïm. Tous deux, Barenboïm surtout, ont évoqué le souvenir de Nadia Boulanger.

« Oui, dit-il, Mademoiselle Boulanger [il dit toujours « Mademoiselle Boulanger »] me parlait souvent de ce petit jeune homme doué pour tout.

– Oui, il fait assez premier de la classe.

– Vous ne l'aimez pas comme chef d'orchestre ?

– Je le trouve un peu sec !

– Vous n'aimez sûrement pas non plus Boulez ?

– Je n'ose pas l'avouer, je sais que vous l'adorez.

– Non, pas le musicien, le polémiste, ses écrits. Il y a une telle vibration dans ce qu'il dit qu'il donne envie de bouger, de vivre, d'écrire... »

Et il se lance dans l'évocation d'une soirée avec Nadia Boulanger dont je n'ai rien retenu.

Samedi 5 mai

Joab, le roi David et le recensement fautif

Parmi les anciens fidèles encore, Nicolas, normalien, philosophe, germaniste. Il est venu pendant toute l'année, a suivi les cours du samedi sans jamais appartenir à l'école, ni avoir le moindre rapport avec elle. Ce qui l'amène ? La curiosité, la réputation du maître du côté de la rue d'Ulm, et puis l'amitié avec mon neveu, fidèle du cours et qui n'a jamais raté une séance.

Ce qui l'amène aussi, et le retient, et le fait revenir, c'est l'atmosphère. Dans ce lieu, et dans ce lieu seulement – ailleurs, il se montrait bougon –, le maître affichait une sorte de rayonnement, de gourmandise. Il était joyeux. Parfois, le cours était laborieux et puis, en toute fin de séance, à la toute dernière phrase, le maître aménageait un moment de rebondissement, et sans s'attarder, il remerciait les présents et se levait pour partir. Nicolas est attentif, et conserve un souvenir très net de chacun des cours auxquels il a assisté.

Ainsi sur l'épidémie et le roi David. Il s'agit d'un commentaire sur un passage de Samuel II (24, 2). « Le roi dit à Joab, le chef de l'armée qui était près de lui : parcours, je te prie, toutes les tribus d'Israël depuis Dan jusqu'à Bersabée, et recensez le peuple afin que je connaisse le chiffre de la population. »

Mais voilà, le recensement est prohibé, il n'est pas d'usage dans la tradition juive. L'armée a parcouru le pays et Joab a remis à David l'état du dénombrement de la population. Le roi est saisi de remords, confesse avoir péché et demande le pardon du ciel. Une épidémie s'ensuit, qui dure trois jours continus, et le récit s'achève sur une vision du Mont Moria, acheté par le monarque en échange de deniers sonnants et trébuchants, dans l'aire d'Aravna le Jébuséen.

C'est là que David décida de construire le temple de Jérusalem. La tâche échoira à son fils, mais c'est lui qui décidera du futur emplacement. Là, c'est-à-dire au lieu du dénombrement fautif, au lieu où l'épidémie s'est répandue en punition du péché commis par ce roi qui avait voulu s'enorgueillir de sa population nombreuse.

En quelques années de fréquentation du cours, je n'avais jamais croisé ce texte dans la bouche du maître. Mais il faut croire que chacun dans son coin et de son côté, avait concocté sa petite madeleine du cours.

Samedi 12 mai
Une épicerie russe avec du hareng
et des cornichons

Station Michel-Ange Auteuil. En face, un métro aux rails montant en équerre, qui donne l'impression de fête foraine ou de voitures tamponneuses. À moins que ce ne soit le souvenir de mon départ pour passer le bac, et l'attente sur le quai, pétri de stress, qui me ramène à cet épisode désormais inséparable pour moi de ce lieu. J'y pense à chaque fois que j'y suis, c'est-à-dire très souvent.

Il y a un autre souvenir plus proche. Je suis assis, j'attends le métro, et sur la rame de tête, je vois à travers la vitre une jeune fille assise seule. Elle porte un manteau à doublure et capuche beige. Elle se tient la joue et ressemble à un tableau de Modigliani avec des yeux. Image fugace qui passe très vite et qui pourtant reste fichée dans ma tête. J'ignore pour quelle raison, mais j'ai pressenti que j'allais la revoir. Je ne me suis pas trompé. La jeune fille dans le métro, vêtue d'un loden et d'une jupe écossaise, coutumière de la ligne 10, habitait le quartier.

J'ai été heureux de la croiser rue Michel-Ange, pas loin du domicile du maître, dans une épicerie russe que tient une vieille ukrainienne qui vend des cornichons, toutes sortes de cornichons, et aussi du hareng. Pour moi, qui ne connaissais pas l'endroit, ce fut une découverte. Je savais, j'ai pressenti, que j'allais revoir cette jeune fille, et qu'elle allait me donner deux beaux enfants.

Samedi 21 mai
Les chemins qui s'ouvrent

Je ne vais plus au cours. Je ne vois plus personne. Je potasse, tantôt à L'Auberge d'Auteuil où j'emporte mes polycopiés, tantôt à la bibliothèque de la Sorbonne, et tantôt chez moi. Au café, j'étale toutes mes notes et je recopie laborieusement en tentant à chaque fois de ne pas renverser mon diabolo menthe. Comme toujours et de tout temps pour moi, la seule manière de retenir, c'est d'écrire.

Il y a des jours comme aujourd'hui où je me demande si j'ai bien fait de choisir le droit, si je n'aurais pas dû me laisser aller à mon premier mouvement et opter pour la philo. Je voulais me rattacher à du concret, le droit pénal, le droit du travail, et au fond je ne déteste pas ces matières, je crois même pouvoir dire que j'aime bien, mais je n'arrive pas à m'imaginer dans une robe d'avocat.

Ma sœur, à qui j'en parle, me dit qu'à partir de 17 ans, c'est comme ça. Tout est possible, des tas de chemins s'ouvrent devant soi. Et puis, au fur et à mesure qu'on avance, sans qu'on se rende compte, la palette se rétrécit, les choix offerts se réduisent. Les choses se décident d'elles-mêmes, et c'est bien comme cela. Moi, je ne trouve pas.

Samedi 28 mai
L'art et la religion

Elle part très vite, dans ce café des Deux magots où nous avons pris une place à l'intérieur, sur une discussion à propos de Touvier, des arguments développés par le procureur Truche pour casser le jugement. Elle s'interrompt juste pour s'assurer. « Ça t'intéresse ? » J'admire cette faculté qu'elle a de donner vie à tout ce qui la préoccupe dans l'instant, cette intensité qu'elle met dans tout ce qui l'entoure, tout ce qui lui arrive et tout ce qui arrive autour d'elle.

Elle parle de mille choses à la fois. De l'Espagne où elle va passer quelques jours à Noël, de sa bourse qui n'a pas été reconduite cette année, de la faculté d'Assas dont la réputation de « fief des fafs » n'est pas usurpée, du PSA où elle s'est inscrite et de l'UEJF où elle n'a pas envie de s'inscrire parce que ça ne rime à rien.

Elle s'éclipse un moment. À la table d'à-côté, une dame excessivement fardée a écouté une partie de notre conversation et m'entreprend sur le procès Touvier et sur une émission qu'elle a écoutée à la radio.

Barbara revient et me parle du cours d'un jeune rabbin qu'elle prend le jeudi soir. C'est très abstrait, dit-elle, un peu trop peut-être, mais il faut du temps pour pénétrer une pensée qui prend son temps mais finit par être attachante. Je lui dis ma tristesse devant le cours du professeur qui s'effiloche. C'est vrai, convient-elle, il devrait arrêter. Et le plus triste, c'est que les habitués qui naguère écoutaient dans une sorte de piété, s'enhardissent soudain, mettent leur grain de sel, interrompent, comme si l'affaiblissement du maître autorisait désormais à violer les règles du jeu.

Nous partageons les consommations et nous sortons après avoir salué la vieille dame. Je raccompagne Barbara jusqu'au métro Odéon et nous continuons à deviser en marchant de notre voisine de table. La conversation dévie sur la propension qu'ont les juifs à s'intéresser par trop à eux-mêmes. C'est un sujet qui la préoccupe depuis longtemps, je le sais. Cette faculté que nous avons de nous enfermer dans un cocon rassurant, protecteur... Nous aboutissons très naturellement à Edmond qu'elle connaît bien, à sa vie religieuse, à ses courses à travers Paris pour secourir tous les miséreux, tous les laissés pour compte.

Sa seule ouverture, dis-je, c'est la musique. Il n'aime d'ailleurs pas la musique juive. Il pense que la musique est un art abstrait, qui ne peut pas s'enraciner dans un folklore, dans une appartenance. C'est un sentiment fort, un absolu.

Mais alors, s'insurge-t-elle, pourquoi ne s'y adonne-t-il pas ?

Sans doute, dis-je, sans être sûr de moi, que l'art et la religion ne se marient pas, que ce sont deux absolus, que la religion juive est trop prenante, qu'elle vous oblige à des choix cruels. Des choix en fait impossibles. Qui pourrait forcer quiconque à opter pour l'un ou pour l'autre, au prix d'une amputation des deux ? La religion sans l'art est impensable, et l'art sans la religion est inutile.

Samedi 5 juin
Voyages, voyages !

« Et ils partirent de Souccot, et ils arrivèrent à Eitam, à la lisière du désert » (Nombres 33, 6).

La péricope qui porte le nom de « Voyages », dans le quatrième livre du Pentateuque qui clôt celui-ci, raconte les pérégrinations du peuple israélite dans le désert, avant l'entrée dans le désert. C'est une succession d'errances d'un lieu-dit à l'autre. « Et ils partirent de… et ils arrivèrent à… »

Rachi, au début de la péricope, s'interroge sur cette succession de noms épelés l'un après l'autre. Et il cite l'école de Rabbi Moïse l'exégète – comme quoi le commentateur champenois avait de qui tenir, et sa science n'était pas née de rien. Elle avait des branches auxquelles elle pouvait s'accrocher. On doit à cette école en tout cas un joli commentaire sur cette succession d'étapes mentionnées une à une dans le texte. C'est comme un enfant qu'on a conduit chez un médecin, très loin de chez lui. Et une fois de retour, le père énumère à son fils chacune des stations traversées. On est passé par là, on s'est arrêté ici pour faire telle et telle chose, on a couché ici… Le père déroule le récit en s'efforçant de mettre un soupçon de douceur dans l'évocation de ces paysages et la description de ces arrêts.

Dans les cours des années précédentes, c'était le moment que choisissait le maître pour évoquer le chien Balak dans un roman d'Agnon où on découvrait toute la topographie de la ville de Jérusalem à travers la course folle du caniche dans les rues de la ville sainte. On ne disait rien de ces rues, de leur situation géographique ou des images qui pouvaient y être associées. Elles étaient seulement épelées par leurs noms, au fur et à mesure que Balak les croisait à toute allure. Simplement, de ces énoncés de rues naissait tout d'un coup une forme de poésie.

Samedi 19 juin
L'ultime pelure

« Et tu raconteras à tes enfants, et tu parleras en eux » (Deutéronome 6, 7).

Ce « Dibarta Bam » – et tu parleras en eux, à l'intérieur d'eux, en leur plus profond – ne concerne pas les enfants mais les récits eux-mêmes qu'il convient de ressasser, de remâcher à tout moment, quand tu seras à l'intérieur de ta maison, quand tu marcheras sur les routes, quand tu te réveilleras et quand tu te coucheras. « Bam », c'est-à-dire en eux, à l'intérieur d'eux, au plus profond d'eux, en les frottant, en les commentant, en les glosant, en les renversant.

Mais quand se sera-t-on acquitté de ces gloses ? Quand aura-t-on fini d'accumuler les interprétations ? Quand aura-t-on touché l'os de ces paroles et conviendra-t-il de dire stop, et d'arrêter l'exégèse ? Quand sera-t-on quitte avec le texte ? Rachi traduit : Et tu parleras en eux, que l'essentiel de tes propos porte sur eux. Fais-en l'essentiel, et non pas l'accessoire.

Le texte poursuit : « Et tu écriras sur les pierres tout le contenu de cet enseignement, très distinctement » (Deutéronome 27, 8). Ce « très distinctement » n'échappe pas à l'exégète champenois qui commente : « Bien expliqué en soixante-dix langues. » Et le maître tranche en souriant : « Il faut en parler jusqu'à arriver à en parler en grec. »

La Septante serait-elle l'ultime pelure de ces récits ? Le philosophe, rassurant : « Une fois qu'on a commencé à parler en grec, il reste encore beaucoup de choses à dire. »

Samedi 26 juin
Les raisins de la création

Nous arrivons au passage talmudique qui suit le cours. Pour la première fois, le Professeur prend le « Steinsaltz » dans la bibliothèque de l'École (il n'a pas apporté avec lui sa petite feuille soigneusement pliée en quatre). C'est le traité Berakhot (34b). Qu'est-ce qui distingue les temps messianiques des temps présents ? Rien d'autre que « l'asservissement des royaumes », c'est-à-dire explique l'orateur, la politique. Quant au monde futur, au jardin d'Eden, poursuit le texte talmudique, « aucun œil ne l'a vu ». Pas même Adam ? demande-t-on. Non, répondent les sages du Talmud, pas même Adam, parce qu'un fleuve est venu départager la terre et isoler le jardin d'Eden.

Mais que signifie cette expression « Aucun œil ne l'a vu », s'interroge-t-on encore ? Quelle est donc cette catégorie de choses dont on peut dire qu'aucun œil ne l'a vue ?

Eh bien, réponse sublime, magnifique, s'exclame le Professeur en levant les bras et en bougeant les lèvres : c'est « le vin contenu dans les raisins des sept premiers jours de la Création ».

Samedi 2 juillet
Crier face à la Lune

Ma sœur m'a demandé ce matin quel livre j'emporterais sur une île déserte. Elle s'est empressée d'ajouter, me connaissant : « À part la Bible. » J'ai eu envie de répondre : « Un livre de prières. » Mais comment faire ? On en revient toujours à son enfance, et mon enfance a été bercée par la comtesse de Ségur, *Les Misérables*, la Bible et le livre de prières. Je lisais ces livres, les deux derniers en tout cas, en ânonnant, sans toujours comprendre. Et puis voilà, les années ont passé. À l'école, j'ai redécouvert, à travers la lecture des autres – on retombe sur le professeur – le fonds poétique que chacun recelait. Gosse, je répétais les mots comme un zombie, inconscient, ignorant de ce qu'on a cherché à y mettre. Et puis un jour, on m'a révélé que derrière la rumination monotone de mes premières années, il y avait un texte. Ce fut le professeur.

Rafaël a quitté sa revue. Nous nous voyons moins, mais je continue à lui donner des leçons d'hébreu. Nous nous retrouvons le dimanche matin, au Bois de Boulogne, et nous faisons une fois le grand tour du Lac. « Ani Rotsé », « Ata Rotsé », « Hou Rotsé »... Rafaël progresse, mais il me fait toujours rire autant avec son accent très parisien et son incapacité à distinguer le « kh » du « r ».

Nous nous sommes assis sur un banc et avons observé le va-et-vient des barques sur le lac avec leurs couples d'amoureux. Il y a eu un long silence et puis Rafaël s'est mis à parler très vite. Il a raconté l'histoire de jumeaux qui vivaient loin l'un de l'autre, l'un en France et l'autre au Maroc et qui se sont retrouvés l'autre soir dans une émission de télévision.

Il a aussi parlé d'un ami à lui, journaliste au *Nouvel Observateur*, qui a eu à vivre l'arrestation de ses deux parents à Paris pendant la guerre, alors qu'il était caché sous la table et qu'il n'a pas bougé de sa place.

Cette lâcheté, il ne se l'est jamais pardonnée. Et il a maintenant des « sorties » disproportionnées dès qu'il a l'impression d'une injustice quelque part.

Cela m'a fait penser à mon dernier voyage en Israël et ce que j'ai lu dans un journal qui interrogeait des écrivains sur le sentiment que leur inspirait l'expression « Lumière des Nations ». Un couple de romanciers dans un kibboutz a répondu : « Se tenir debout face à la Lune, et crier, crier contre toutes les lâchetés, toutes les injustices, les grandes et les petites. »

Une jeune fille se tient assise, sans rien dire, les bras croisés, attentive, mystérieuse, regardant tantôt l'un tantôt l'autre, faisant oui de la tête à tout ce qui se dit.

Rafaël parle sans arrêt. De la nouvelle revue qu'il veut créer, de l'équipe de jeunes gens qu'il a réunie autour de lui, de son désir de tout reprendre à zéro pour s'assurer une autonomie matérielle, conquérir une liberté qui lui permette de s'adonner à ce qu'il aime et qui constitue désormais le centre de sa vie : l'étude, la vie intérieure, la pratique religieuse, la fondation d'un foyer… (La jeune fille a le visage tourné alternativement vers lui et vers moi, acquiesçant à chaque phrase d'un clignement des yeux.)

J'ai l'impression d'assister à une scène dramatique et émouvante où chacun essaie d'impressionner l'autre. Scène belle aussi où des êtres se cherchent.

Je suis parti en prétextant un déjeuner chez ma sœur et en les laissant sur le banc, à une bonne distance l'un de l'autre.

« Un homme court après une femme, il y a quelque chose de pathétique, et ainsi va toute notre vie. » En les quittant, je pense à cette phrase d'un écrivain dont j'ai oublié le nom. Balzac ?

Samedi 9 juillet
La maison Balzac

La maison Balzac se trouve au croisement dénivelé entre la rue Raynouard et l'avenue Lamballe. On y accédait à l'époque où vivait l'écrivain par deux entrées qui continuent d'amuser les visiteurs, une entrée principale sur la rue Raynouard et une autre entrée latérale, par les cuisines et les écuries qui permettait à l'écrivain, les jours où il était très endetté, de s'éclipser du côté de la rue Berton pour éviter de fâcheuses rencontres, les importuns et surtout les créanciers.

La pièce qui fut son cabinet de travail n'est pas très grande. On y trouve une partie de sa bibliothèque, son bureau, son fauteuil, une canne à pommeau d'argent, un crucifix disposé sur un cadre, un buste exécuté et offert par son ami David d'Angers, une cafetière qui a sans doute été rajoutée là comme pour désigner la source première d'inspiration, une photographie d'Eve Hanska, sa compagne des dernières années devenue sa femme six mois avant son propre décès. J'ai cherché spontanément la trace d'un cendrier que j'avais aperçu un jour dans une exposition au domicile de Maurice Rheims, commissaire-priseur, historien d'art, écrivain et père de Nathalie Rheims, qui n'a cessé de m'intriguer depuis. Il s'agissait d'un objet en terre où était gravé en lettres hébraïques le prénom de Hava, Ève en hébreu. Était-ce un cadeau destiné à la comtesse polono-ukrainienne qui signait ses lettres par « L'étrangère » ? Était-ce un objet rapporté par elle d'Ukraine où elle vivait avec son mari ? Ou était-ce encore une fantaisie dénichée dans un marché de Berditchev où le couple avait convolé en justes noces, en l'église de la ville, choisie d'ailleurs pour des raisons qu'on ignore. Il n'y a en tout cas aucune mention de la mystérieuse « Hava » dans la volumineuse correspondance entre les deux amants. Et aucune trace non plus dans la maison de l'écrivain, rue Raynouard. Ai-je rêvé ? Aucun des préposés à l'accueil de la Maison Balzac n'avait jamais entendu parler du fameux cendrier. On sait seulement que le romancier était féru d'objets et la comtesse très portée au mysticisme.

Sur les murs de la maison, on pouvait voir les manuscrits sous verres des grandes œuvres de *La Comédie humaine*, les premières versions des romans, les versions suivantes, les jeux d'épreuves envoyés par l'imprimerie, réécrits sur les marges, raturés, corrigés, modifiés. Toutes ces pages manuscrites sont conservées dans le cabinet de travail en leurs différentes variantes. Comme s'il fallait préserver toutes les étapes de la création, et comme si ce qui avait été écarté devait être réintégré et trouver sa place dans le processus d'inspiration.

Avec mon ami et ancien condisciple David, nous avons contourné la rue Raynouard et remonté la rue Berton où se trouve aujourd'hui le bâtiment de l'ambassade de Turquie. Dans le temps, c'était le local de la clinique du Docteur Blanche. Les deux hommes se sont souvent croisés dans cette rue qui a conservé des allures d'ancien village médiéval, petit bout de campagne avec un sol entièrement pavé.

Devant la porte qu'empruntait l'écrivain pour fuir les créanciers, on trouve toujours une borne en pierre où on peut lire : « Borne posée en 1731 pour indiquer la limite des Seigneuries d'Auteuil et de Passy. »

Paisible aujourd'hui comme elle devait l'être du temps de Balzac, éclairée par des lampes à pétrole, la rue Berton était bien la rue dérobée de l'écrivain, celle qu'il traversait sans doute pour aller prendre la carriole qui l'amènerait à Paris.

Dans *Le flâneur des deux rives*, Guillaume Apollinaire décrit cette rue : « Ceux qui passent rue Berton au moment où elle est la plus belle, un peu avant l'aube, entendent un merle harmonieux y donner un merveilleux concert qu'accompagnent de leur musique de merveilleux oiseaux. »

Ma grande sœur, professeure de lettres, disait souvent que Balzac ne resterait pas. Trop de longueurs. Trop de descriptions. Je ne partage pas cet avis pour ma part.

Samedi 16 juillet
Un pigeon au café

Nous parlons de sa maîtrise de philo. Non, finalement, elle ne fera pas son mémoire sur le professeur. Pour quelle raison ? Elle ne sait pas au juste. Peut-être parce qu'elle n'est intéressée au fond que par le rationalisme. Spinoza. Kant. Peut-être aussi parce qu'elle a le sentiment que c'est une pensée poétique et que, par conséquent, on est condamné à faire du plagiat en parlant du professeur. Et tous ces livres qu'elle a lus, dont on a tant parlé ensemble ? Eh bien, ce n'est pas perdu, c'est dans sa tête.

Un pigeon entre dans le café, se balade autour des tables. Le barman le chasse par la porte battante. Il rentre avec les clients par la porte d'à côté. Barbara suit les mouvements du volatile d'un air mi-intrigué, mi-effrayé. « Tu es superstitieuse ? » Elle rit. « Non pas du tout. » Et toi ? « Moi non plus. » Nous évoquons tous deux, presque en même temps, cette vieille Polonaise de la rue Félicien David, figure légendaire du quartier, terreur des mômes d'Auteuil, qui achète tous les matins d'énormes sacs de blé et passe ses journées à lancer des graines aux pigeons de la rue qui viennent s'agglutiner par centaines sur le bord des fenêtres. Les voisins ont eu beau se plaindre, rien n'y a fait. La vieille dame ne veut pas en démordre. Donner à manger aux pigeons est devenu sa raison de vivre.

Samedi 23 juillet
Servitude consentie

Rafaël a parlé en termes émouvants de son parcours. Il a commencé par dire que notre siècle aura été le plus noir de tous, qu'il aurait voulu vivre dans n'importe quel autre, que c'est le plus affreux, qu'il n'y en a pas de plus affreux, et que le mal fait aux juifs dépasse tout parce qu'il est gratuit. Quand cela a cessé d'être payant, on a abandonné l'esclavage. Comment ce siècle a-t-il fait pour se remettre sur ses pieds ? Peut-être au fond ne s'est-il jamais remis ? Peut-être vit-on les derniers soubresauts avant la panade ?

Et puis il a parlé de ce qui l'a fait revenir au judaïsme. C'était fort, beau, évident. Mais c'est curieux comme je ne me souviens de rien. Seulement d'avoir pensé qu'il éclairait d'une belle lumière toutes ces vieilles choses auxquelles je commence à tenir depuis qu'il me les a fait retrouver.

Et aussi d'un passage sublime sur la foi où il citait le philosophe Yeshayahou Leibowitz. Leibowitz reçut un jour un jeune homme qui fumait sans arrêt. « Arrêtez de fumer une seule journée, pendant 24 heures, et vous aurez établi une relation avec la divinité, il n'y a rien d'autre. »

La foi comme décision volontaire. Pas comme une grâce qui fond sur vous. Pas même comme une émotion. Mais comme une simple servitude consentie.

Samedi 30 juillet
Dans le prolongement ou à côté ?

« Et Dieu enjoint à Moïse et aux lévites porteurs de l'arche d'Alliance. Vous prendrez ce livre de la Loi et vous le placerez à côté de l'arche d'Alliance et il sera en témoignage contre toi » (Deutéronome 31, 25-26).

Rachi s'interroge sur le mot « à côté ». Que signifie cet « à côté » ? Il rappelle que les sages d'Israël sont partagés sur le lieu de cet emplacement. Pour certains, un plateau sortait vers l'extérieur de l'arche et c'est là qu'on entreposait les Tables de la Loi. D'autres soutiennent que c'est à l'intérieur même que ces Tables étaient entreposées, à côté des nouvelles Tables.

Le professeur adore ce type de détails qui ne sont pas à ses yeux sans signification. En quoi est-ce si important de savoir si les premières sont placées à l'extérieur de l'arche ou à l'intérieur ?

La chose n'est pas indifférente. Pour les uns comme pour les autres, il importe de préserver dans le narratif le moment du rejet et le moment de l'acceptation. Les bris des premières Tables et les secondes Tables dans leur entièreté. L'erreur et l'accomplissement sont noués ensemble, que ce soit côte à côte ou dans le prolongement l'un de l'autre. Il n'est pas question de jeter à la corbeille les bris des premières Tables en donnant toute la place au second mouvement d'accueil de la loi.

Les « mastics » font partie du récit. Ils sont là pour témoigner – à charge – que les prolégomènes font partie de l'histoire. Ils préservent les hésitations du peuple à l'instant même où il va dire « oui » à l'alliance. Ce qui voudrait être oublié, ce qui a été offusqué, réapparaît au cœur même de l'arche sacrée portée par les lévites. Sublime exégèse que nous offre le commentateur champenois ! Loin de réécrire l'histoire en cherchant à aménager le « Happy End », les lévites sont chargés de porter dans leur marche la totalité d'une intrigue. Le rejet et l'acquiescement tout à la fois, l'un en prolongement de l'autre. Et l'un à côté de l'autre.

Chroniques aoûtiennes

Les fruits sur les étals

La péricope comme respiration

Passer de la rue Mignet au quai Louis Blériot, ce n'est pas non plus le bout du monde, mais Auteuil est ainsi fait que quelques mètres de distance vous donnent subitement le sentiment d'avoir changé d'horizon.

Je profite du mois d'août pour faire deux choses, me préparer à déménager pour commencer, et puis feuilleter mon journal depuis le début de l'année scolaire. Je me rends compte que j'ai mis en haut de chaque nouvelle intervention un jour – en général le samedi –, une date, mais jamais une année. Je ne l'ai pas fait volontairement, c'est venu comme cela, mais à la réflexion, j'aime mieux laisser les choses telles qu'elles ont été couchées sur le papier. Après tout, les repères sont liés d'une manière ou d'une autre à la péricope de la semaine et aux cours du maître.

Dans la sonate classique ou romantique, il y a toujours trois ou quatre mouvements, un mouvement rapide, un mouvement plus lent et un mouvement preste qu'on appelle « finale ». On verra à quel moment je me lasserai et à quel moment la plume sera plus leste, plus preste, plus lente ou plus rapide. En attendant, j'ai décidé de gratter sur le papier les quelques impressions que m'a laissées le cours, manière de récapitulatif. Manière aussi de vérifier ce qui reste, ce qui surnage, ce qui s'accroche à la mémoire, et ce qui se perd.

Ah oui, je sais. Il ne m'a pas échappé que d'une semaine à l'autre, d'une péricope à l'autre, il choisit dans la péricope les deux ou trois versets qu'il veut mettre en lumière, ceux qui l'inspirent, ceux où il va pouvoir installer son commentaire. Les plus habitués, les plus lettrés, ceux qui ont pu pendant l'office voir l'ensemble de la péricope, ou jeter un œil sur le Rachi du jour, arrivent à deviner à l'oreille de quel côté le maître va jeter son dévolu. Il en est qui se risquent à poser des questions, à réagir aux commentaires, à réclamer des précisions, mais eux-mêmes sentent bien qu'ils ne sont pas dans le jeu. Mais alors, en quoi consiste le jeu ? Rien d'autre que cela. Isoler un passage, le mettre en exergue, le rehausser. À partir de là, d'une péricope à l'autre, un lien se tisse avec un livre quitté une semaine, retrouvé la semaine suivante, et dont le récit reprend aussitôt qu'il est fini, d'une année l'autre, invariablement, indéfiniment. Un livre toujours recommencé, toujours neuf à nouveau, toujours irrigué de nouveaux commentaires, toujours déjà là et toujours encore à venir. L'expérience du cours hebdomadaire, c'est d'abord cet accès à un livre par l'intermédiaire d'un commentaire qui n'est pas à prendre en bloc. Il faut le laisser reposer en soi, quitte à ce qu'il se réorganise dans votre tête ou sous votre plume et qu'il s'installe comme un récit.

Caïn et Abel

La première violence dans la Bible, en tout cas le premier meurtre, commence avec Caïn et Abel. Tout est étrange dans cette histoire. Quelles sont les sources de cet antagonisme et comment se noue ce drame ?

Les deux frères sont à l'opposé l'un de l'autre. Le paysan et le berger. Le sédentaire et le nomade. Celui qui cultive la terre et en tire les produits nécessaires à sa subsistance (c'est inscrit dans son nom, il y a « kynian », acquisition, dans l'étymologie de Caïn), et celui qui s'adonne à l'élevage, devient gardien du troupeau qu'il fait paître (il y a dans son nom, « hevel », la buée, l'évanescent, le vain). Le Midrash énonce trois sources de conflit, équivalent aux trois ordres essentiels (cela reste, malheureusement, les trois sources élémentaires des disputes entre les hommes) : l'argent, la gloire, le sexe. L'argent parce que les deux frères n'arrivaient pas à se mettre d'accord sur le partage des terres. La gloire parce que chacun d'entre eux souhaitait que le Temple à venir soit instauré sur ses terres. Et enfin, Rachi, l'exégète français de la Bible, nous explique que trois filles étaient nées d'Adam et Ève. Chacun d'entre les deux fils en a pris une, et la dispute concernait la troisième. On voit donc que l'hostilité est profonde et se nourrit à diverses sources.

Mais le meurtre en lui-même procède de la jalousie. Pour quelle raison néanmoins – on peut légitimement poser la question – Dieu, qui accepte l'offrande d'Abel, refuse-t-il celle de Caïn ? « Et à Caïn et à son Offrande, il ne se montra pas favorable » (Genèse 4, 5).

Pourquoi cette préférence d'un frère sur l'autre ? Et comment ne pas comprendre le sentiment suscité par une offrande qui se voit rejetée ?

La punition ensuite. Elle n'est pas à la hauteur du crime. Il est dit que Caïn va « errer ». Il sera « errant et fugitif par le monde ». C'est un châtiment qui n'est guère à la mesure du crime, mais qui est vécu comme une relégation.

« Et Caïn dit à son frère Abel, et il advint, comme ils étaient aux champs, que Caïn se jeta sur Abel son frère et le tua » (4, 8). Que dit-il à son frère ? On ne le sait pas, et il y a tout lieu de penser, selon les exégètes, que la parole ne venait pas justement, qu'elle ne sortait pas des lèvres. C'est l'impossibilité de parler qui génère la violence. Le silence est le début du totalitarisme. L'absence de parole est barbare, homicide, fratricide.

Voilà en tout cas une fraternité minée par la jalousie et par l'inimitié. C'est la première dans le récit biblique. Ce ne sera pas la seule, tant s'en faut. D'autres épisodes de la Bible racontent l'histoire de ces fraternités manquées, toujours au bord de la violence, et toujours au bord du tragique : Isaac et Ismaël, Jacob et Esaü, Joseph et ses frères… Il faudra attendre Moïse et Aaron pour avoir une figure de fratrie qui est l'exemple d'une relation pure, qu'aucune ombre n'entache ni n'altère.

La sortie d'Égypte

C'est le récit d'une libération, d'une abolition de l'esclavage, d'une proclamation de la dignité retrouvée. Et en même temps, le texte raconte l'asservissement, la condamnation des nouveau-nés, les dix plaies tombées sur l'Égypte, la noyade des soldats égyptiens lancés à la poursuite des Hébreux.

Cette violence est-elle indispensable ? Est-elle accoucheuse d'histoire, comme on disait dans le temps et qu'on continue à dire encore un peu ? Est-elle nécessaire à la réalisation du « projet » divin si tant est qu'il y en ait un ? Elle n'est pas glorifiée en tout cas. Elle n'a pas de vertu propre et il est interdit de s'en réjouir. « Mes créatures se noient dans la mer et vous voulez entonner un chant ? » L'exégèse juive traditionnelle prend soin de ne pas cautionner cette violence, ni l'approuver, ni s'en accommoder, ni – a fortiori – s'en délecter sous le prétexte qu'elle s'exercerait à l'encontre des ennemis. « Ne te réjouis pas de la chute de ton ennemi » est un autre dicton rabbinique.

Non pas que la catégorie de l'ennemi n'existe pas dans la Bible. Elle existe et elle est très présente. Si le commandement d'« aimer son ennemi » ne figure pas dans la Bible sous sa forme évangélique, il figure autrement. Il est en effet prescrit d'aider son ennemi quand son âne est à terre et qu'on l'a sous les yeux. « Quand tu verras l'âne de ton ennemi tomber à terre, pourrais-tu ne pas l'aider ? ».

Et puis il y a ce passage des Nombres cité à l'envi par les détracteurs de la Bible, et qui concerne la guerre déclarée aux Madianites. Moïse approche de la mort. Et Dieu lui intime un dernier ordre, celui de venger les Israélites des fureurs de Madian. Madian n'est pas Amalek, ce n'est même pas Moav. Ce qui lui est reproché, c'est la haine gratuite. Le fait de s'en être pris au peuple d'Israël sans raison particulière. Et son incitation à la débauche.

Moïse mobilise les troupes et les lance à la bataille. Des volontaires, uniquement des volontaires. Et il leur demande d'être impitoyables, de n'épargner personne, ni « les enfants mâles, ni toute femme qui a connu un homme par cohabitation » (Nombres 31, 17).

Ce sont des versets très durs, cruels, et qui demeurent aujourd'hui encore assez incompréhensibles. C'est du reste la raison pour laquelle, dans la vague anti-bibliste et à l'occasion marcioniste, de certains polémistes, on retrouve ces mêmes versets repris invariablement.

Que dire de ces versets ? Que la Bible est un récit romanesque qui charrie du spirituel, du métaphysique, du religieux, du cosmique, mais aussi de l'intime, du familial, du quotidien et raconte l'histoire d'hommes et de femmes. Un livre de passions humaines.

Certains exégètes voient dans ce passage le prototype de la « guerre juste ». Mais la plupart s'interrogent plutôt sur l'étrange proximité entre la scène sublime de la mort de Moïse et celle de cette dernière bataille qui lui est prescrite, où il se sent requis mais sans pour autant y prendre part lui-même.

Beaucoup font aussi observer que Moïse ne pouvait participer lui-même à cette guerre, fût-elle juste, en raison de son passé à Madian. Après tout, alors qu'il était poursuivi par le pharaon pour avoir commis un meurtre sur un Égyptien qui martyrisait un de ses frères, il avait trouvé refuge à Madian et y avait même fondé une famille.

Bien entendu, on pourrait faire de l'apologétique et trouver mille et une explications sur le sens de cette bataille, comme celle contre Amalek et ses descendants qui sont censés représenter le mal absolu, celui avec lequel on ne se compromet pas.

On pourrait, mais cela n'aurait pas plus d'intérêt que le discours de tous les railleurs qui donnent le sentiment de vous prendre « la main dans le sac ». Un homme tue son frère ! Un patriarche fait passer sa femme pour sa sœur ! Des frères vendent un des leurs ! Un roi se rend coupable d'adultère… J'ai eu l'occasion de dire d'un auteur de ce type de libelles qu'il donnait le sentiment d'analyser les versets de la Bible comme on décortiquerait les dernières motions d'un parti politique. La Bible n'est pas un manifeste. Ce n'est pas non plus un oracle. Elle raconte les hommes tels qu'ils sont, tels qu'ils devraient être, tels qu'ils arrivent à être parfois. La Bible n'annonce pas non plus la bonne nouvelle. Elle ne promet aucun accomplissement. Comme dans l'épisode du déluge où Dieu remet l'ouvrage sur le métier. Il refait le monde, mais ce qui se manifeste n'est rien d'autre que ce qui était déjà. Un homme bon et mauvais tout à la fois. Habité par les deux tentations. Mais libre toujours de verser dans l'une ou dans l'autre.

Une humanité tôt éveillée à l'autre

Naturellement, il est des scènes qu'on préfère à d'autres dans la Bible. Il est des passages plus inspirants. Il est des séquences plus poétiques que d'autres. Ce sont celles, en général, vers où le maître s'oriente spontanément. La création du monde avec son mélange d'ombres et de lumières, de jour et de nuit, de terre et de mer. Le récit du déluge avec ses portes du ciel qui se déchirent pour laisser passer les trombes d'eau. L'apostrophe d'Abraham à Dieu pour sauver Sodome et Gomorrhe. L'amour d'Isaac pour Rebecca. Le combat de Jacob avec l'Ange… Pour le reste, la question n'est pas de savoir qui a écrit la Bible mais qui la lit, comment on la lit, ce qu'on y trouve, ce qu'elle fait vibrer en nous. La question n'est pas non plus de savoir ce que nous disons de la Bible mais ce qu'elle dit de nous, ce qu'elle nous raconte de nos passions humaines, trop humaines, de nos ressorts, de nos rêves, de nos envies, de nos dépassements, de nos tensions, de nos tentations.

Quand le maître perçoit dans les figures bibliques le prototype d'une humanité « tôt éveillée à l'autre », aussitôt on a vu se dresser tous les critiques prompts à vous faire la liste des manquements, violences, et homicides qui s'y trouvent... Et si les deux étaient vrais ? Et si la Bible était un livre de chair et de sang qui raconte l'histoire d'un Dieu jaloux et paternel tout à la fois, l'histoire d'un homme, Moïse, qui fut en même temps le libérateur de son peuple, l'annonciateur des Dix commandements, celui qui mourra seul, au seuil de la Terre promise, dans un des passages les plus beaux, sur le Mont Nevo, dans les plaines de Moav, sans que personne ne connaisse le lieu de sa sépulture, et celui qui fera livrer une dernière bataille contre les Madianites avant de disparaître ? On sait combien ce passage a déchaîné la fureur de Simone Weil avant de susciter les mouvements d'humeur de ses épigones modernes. Il est vrai que l'auteure de *La pesanteur et la grâce* n'a jamais été tendre pour le judaïsme (même si elle n'épargnait pas non plus l'Église et se disait « chrétienne hors l'Église »). C'est le moins qu'on puisse dire de cette philosophe qui a écrit de belles pages sur le « soin de l'âme » et de si piètres jugements sur le judaïsme qui manquerait de spiritualité (*sic*) et qui n'aurait pas apporté grand-chose au patrimoine religieux de l'humanité (re-*sic*). Mais ceci est une autre histoire ! Au fond, le maître nous aura appris cela, tout dépend du regard que l'on pose sur le texte. Tout dépend ce qu'on y cherche.

Deux auditeurs

Elias H. fut pendant longtemps délégué général de l'Alliance israélite universelle au Maroc et coordinateur dans l'ensemble du royaume. Son fils, est un grand gaillard aux cheveux blonds et bouclés. Il a été mon camarade de classe à l'Enio. C'est lui qui m'a fait découvrir le roman *Montedidio* d'Erri de Luca. Il avait été un des premiers à l'avoir lu en France et il était heureux de faire partager cette lecture autour de lui. Depuis, les livres du poète italien ne m'ont plus quitté. David disait souvent qu'il trouvait des ressemblances avec le maître. Il avait une particularité. De tous les fidèles, il était un des seuls que je connaisse à avoir noté sur un petit carnet quelques « perles » du cours du samedi matin. Pas sur le moment évidemment, mais en rentrant chez lui, il couchait sur le papier quelques « saillies » glanées pendant le cours. Il n'élaborait pas. C'était consigné en style télégraphique. Et quand on lui demandait ce qu'il en faisait, il essayait parfois de relire ses notes sans jamais y arriver. Il lui manquait le son d'une certaine manière.

Il me montre une des pages de son précieux carnet qui concerne l'épisode de Caïn et Abel. Il a noté que la recherche de la paix et la recherche de la vérité vont rarement ensemble. La quête, dans le second cas, mène à la solitude, et dans le premier cas mène à autrui. L'une prime l'autre. L'une est supérieure à l'autre. L'une est destructrice quand l'autre ouvre au dialogue. Les dires du maître sont pieusement recueillis, sans qu'on sache sur quel commentaire il s'appuie. On peut seulement préjuger que l'idée que l'assassinat commence avec le refus de toute parole n'a pas dû déplaire au philosophe.

Il y avait aussi ce prêtre dominicain, être de grande douceur, homme de culture et de foi, qui s'était fait gentiment rabrouer par le maître parce qu'il avait dit un jour qu'il devait faire une conférence à tel endroit sur la Shoah. « On ne fait pas de conférence sur la Shoah », avait tranché le maître. On disait dans les allées du cours qu'il prenait soin, lui aussi, en rentrant chez lui après le cours, de prendre des notes qu'il conservait de semaine en semaine sans qu'on sût très bien ce qu'il en ferait. Il arrivait souvent dans les dernières années, quand le maître enseignait à la Sorbonne, que des collègues ou des connaissances, venus le voir à la maison, se retrouvassent au cours. Le maître munissait telle figure arrivée de Kiev ou de Prague ou du voisinage immédiat, d'un calot assorti d'une pince pour la faire tenir sur la tête, ainsi que d'une bible en français-hébreu pour permettre au visiteur occasionnel de suivre la leçon biblique de la semaine.

Le révérend père dominicain n'était pas un occasionnel. Il racontait qu'il avait souhaité aller à la rencontre du maître non plus seulement sous l'angle de sa philosophie qu'il connaissait bien et sur laquelle il avait beaucoup écrit, mais comme auditeur aux cours du samedi matin. Il avait donc sollicité la permission de pouvoir se joindre au nombre des auditeurs. La permission lui ayant été accordée, il avait pris part à cet exercice pendant près de trois ans.

Que disait le maître dans ses cours qu'il ne disait pas dans ses livres philosophiques ? C'est cela qui l'intéressait. Les deux registres étaient parallèles. Dans les textes philosophiques, il se gardait de citer les écritures, ou rarement. Était-ce une discipline voulue par souci de laïcité ou par égard pour le texte biblique lui-même ? Dans ses notes volantes qui ont servi à l'occasion à remuer ces interrogations, le prêtre observait que ce double registre n'allait pas jusqu'à la distinction des inspirations, ni à la séparation des langages, ni même à une différenciation des thèmes. C'était le même regard qui fouillait à l'intérieur des versets choisis en quête d'un « non-dit ». Un « non-dit » ou un « pas encore dit » formulé dans un langage clair, à partir du « Rachi », donc garanti d'être fondé sur le sens premier du texte, de la phrase avec son sujet, son verbe, son complément. Le commentaire ne peut pas partir dans les airs. Ce n'est pas le lieu de l'apologétique, du mythe ou de la fable. Il est inscrit dans la rigueur du texte. Mais une fois qu'il l'est, une fois que la grammaire est sauve, le texte ne s'épuise jamais dans un « dit ». Il ne se résume pas à l'étape du premier récit. Il continue de fourmiller de mille sens.

Offenseur et offensé

« Oh ! Pardonne, de grâce, l'offense de tes frères et leur faute, et le mal qu'ils t'ont fait. Maintenant donc pardonne leurs torts, aux serviteurs du Dieu de ton père » (Genèse 50, 17).

Le philosophe cite le traité talmudique de « Yoma » qui estime, en évoquant dans le texte de la Genèse, la répétition des mots « pardonne », « de grâce » et de nouveau « pardonne », que quiconque réclame le pardon de son prochain, ne doit pas le solliciter plus de trois fois. À partir de la troisième tentative, il est quitte de sa faute. En tout cas, il n'est plus tenu de se faire pardonner.

Le contexte est celui des retrouvailles entre Joseph et ses frères. Ils ont commencé à se parler alors qu'ils ne pouvaient plus le faire. Ils se sont embrassés. Ils ont pleuré les uns sur les épaules des autres. Ils ont tiré un trait sur le passé. Le patriarche Jacob a béni tous ses enfants et petits-enfants. Il est en train de mourir et il fait jurer ses enfants en leur faisant promettre qu'ils emporteraient sa dépouille sur la terre de Canaan, et probablement à la demande des frères qui craignent qu'après sa mort la famille ne se remette à se déchirer, il leur demande de transmettre à Joseph son ultime volonté. Il souhaite que la concorde règne parmi les siens après sa mort et demande que la paix revienne et que le pardon pour les offenses passées gagne les esprits. Et c'est là qu'intervient cette prière insistante : pardon, de grâce et pardon.

Le passage talmudique auquel le maître se réfère a trait au jour de Kippour, le jour consacré à la rémission des fautes et à la grâce du pardon. Non pas que l'acte de pardonner soit réservé à la seule journée du Yom Kippour. Il ne l'est pas. Il est une obligation tout le reste de l'année. Mais il est un jour fixé dans le calendrier, ritualisé, où le fidèle est sommé de régler ses comptes. Il doit faire acte de contrition, non pas pour les fautes commises à l'égard du ciel, mais pour celles commises à l'égard d'autrui. Et celles-là ne peuvent pas faire l'économie d'une demande personnelle adressée à celui ou à celle auprès de qui on s'est rendu coupable. D'où la réitération du mot.

Seulement, la sollicitation ne peut pas être illimitée. Elle est bornée à trois tentatives et ne saurait aller au-delà. Si elle n'est pas entendue, le fauteur est quitte envers son débiteur. Serait-ce qu'il y a peut-être des choses qui relèvent de l'impardonnable ? Oui, peut-être, murmure le maître avant de refermer le livre.

Monsieur météo

C'était la voix la plus célèbre de la météorologie nationale. Il avait une voix très particulière mais immédiatement reconnaissable par les auditeurs de la station de radio où il officiait depuis une trentaine d'années, matin, midi et soir. Une voix légèrement chevrotante, avec un délicieux accent égyptien. Il annonçait les orages en roulant les « r », et sur le même ton que les grandes vagues de chaleur. Il mettait du cœur à l'ouvrage. Son activité est restée la même depuis ses débuts à Radio Le Caire jusqu'à son engagement à Europe 1 : alterner les averses, les pluies faibles ou soutenues, les ciels dégagés, les promesses d'ensoleillement, tout cela en faisant semblant de porter la bonne parole avec conviction et ardeur.

En vérité, personne ne connaissait son visage. Les seuls qui étaient familiarisés avec son chapeau feutré, son crâne chauve et ses cravates désuètes étaient les fidèles du cours de Rachi à Auteuil. Il se présentait tôt le matin pour participer à l'office et à onze heures tapantes, il installait sa chaise parmi les premiers pour ne rater aucune miette du spectacle.

Comme il était une légende vivante, écoutée par la France tout entière, forcément les fidèles se poussaient du coude en murmurant à l'oreille de leur voisin : « Tu as vu, c'est Albert Simon ! »

Il apparaissait parfois, rarement, jouant son propre rôle, dans des comédies comme *Laisse aller, c'est une valse* de Georges Lautner. D'autres fois, le chanteur Claude François ou Dalida disaient que sa voix leur rappelait celle de leur mère.

Ses confrères de la radio – à l'époque, il n'y avait que des confrères pour la météo – ne se privaient pas de blaguer sur son compte en indiquant que ses bulletins n'émanaient pas de Météo-France mais qu'il disposait d'un instrument scientifique imparable, une grenouille qui aurait été installée dans un bocal avec une petite échelle qui marquait les variations saisonnières.

Juif pratiquant, il se faisait un point d'honneur à ne jamais travailler le samedi et à enregistrer son bulletin la veille. Ce qui occasionnait de sévères têtes à queues, les annonces de la veille étant parfois amèrement démenties par les températures du lendemain. Mais il n'en dérogeait pas. Sauf quand la direction d'antenne de la station a fini par lui imposer de prendre un adjoint pour les tâches du week-end.

Dans un métier quelque peu répétitif, où la seule distraction consistait à glisser de temps à autre un dicton météorologique sur les tisons et les balcons, le cours du Rachi du samedi matin était son point d'ancrage, son point d'attache, son plaisir, son évasion, sa récréation, sa litanie, son credo.

Vive l'assimilation

Il avait une telle distinction naturelle qu'on ne se pressait pas autour de lui, ni ne cherchions son voisinage.

Il ne venait pas souvent mais il venait quelquefois. Sans que je l'aie spécialement voulu, je me suis souvent trouvé – les premières années surtout, quand j'étais encore au lycée – assis pas loin de lui. Il portait beau, avait un costume en tweed marron clair, une chevelure abondante poivre et sel. Je ne me souviens pas si nous avons échangé quelques mots. Peut-être pas d'ailleurs. Je ne savais à vrai dire pas qui il était. C'est seulement quelques années plus tard qu'on apprendra mes camarades de lycée et moi-même, qu'il appartenait à l'illustre famille des Nora, était le résistant de la famille – il a rejoint les rangs de la Résistance dans le Vercors en 1943, a échappé miraculeusement au massacre du maquis auquel il appartenait avant de se cacher à Grenoble jusqu'à la Libération.

Qu'est-ce qui a amené cet homme, toujours discret, auteur avec Jacques Delors du fameux discours sur « la nouvelle société » prononcé par Jacques Chaban-Delmas à l'Assemblée nationale, auteur aussi d'un rapport mémorable à la fin des années 1970, avec Alain Minc, sur l'informatisation en France, à se mettre tout d'un coup à fréquenter « incognito » ce cercle d'études bibliques pas comme les autres, et à s'asseoir sur une chaise adossée à un pilier de la synagogue pour suivre les cours du samedi matin ?

Que faisait ce laïc, guère familier de la Bible à première vue, proche de Pierre Mendès France, et pas très éloigné de la bourgeoisie juive du quartier, dans ces cercles sabbatiques ?

Sa démarche était pudique. Il venait seul. Et le cours fini, je crois me souvenir qu'il s'éclipsait aussitôt. Mais l'œil était intéressé, et le plaisir éprouvé paraissait visible. Manifestement, il faisait partie de tout un groupe d'intellectuels, passablement « assimilé » comme on disait à l'époque, et qui au lendemain de la guerre des Six jours, a pris un grand coup sur la tête et une grosse frayeur à l'idée qu'une disparition d'Israël était possible, qu'elle était vraisemblable, qu'elle n'était pas inimaginable. Et que, pour le coup, il fallait se faire à l'idée et reconnaître si on voulait être honnête que cette disparition aurait ôté à beaucoup d'entre eux « toute envie de vivre ».

Le maître, soit dit au passage, ne détestait pas le mot d'« assimilation ». Il lui trouvait des vertus. Un jour, de retour d'un voyage en Israël, il expliqua à l'auditoire qu'il s'était trouvé au domicile du Président de l'État et qu'il s'était offert le luxe, prenant la parole dans un colloque, de prendre la défense de ce mot. Après tout, cette assimilation a permis au peuple de survivre.

Je ne sais si Simon Nora se trouvait dans la salle ce jour-là. Il aurait sans doute apprécié cet éloge de l'assimilation.

Le visage et la justice

Il est des péricopes pleines de pépites où il n'y a qu'à se baisser pour en ramasser. Le maître ne s'en privait pas. Dès les premiers versets, le ton était donné.

« Tu institueras des juges et des magistrats dans toutes les villes que l'Éternel ton Dieu te donnera, dans chacune de tes tribus ; et ils devront juger le peuple selon la justice. Ne fais pas fléchir le droit, n'aie pas égard à la personne, et n'accepte point de présent corrupteur, car la corruption aveugle les yeux des sages et fausse la parole des justes » (Deutéronome 16, 18).

Rachi, pour le coup, insiste sur le mot de visage qui apparaît dans le contexte. Il est prescrit de ne pas connaître de visage dans la justice, de juger selon les principes. Et le commentateur champenois ajoute, revenant toujours au sens obvie, son péché mignon. « Tu ne dois pas lever ton visage avant d'avoir rendu ton jugement. Ce n'est qu'après, au moment du verdict, que tu dois t'adresser à la personne dans les yeux. »

De même, y compris dans la posture, tu ne dois pas laisser percer une inégalité. Être dur avec l'un et tendre avec l'autre. Faire asseoir l'un et laisser l'autre debout. Ou encore modifier l'attention que l'on porte à l'un ou à l'autre. « Vous écouterez les petits, les sans-grade, avec la même attention que les grands et les importants », dit Rachi. Vous accorderez les mêmes égards aux uns et aux autres. Le maître insiste. Il ne faut pas privilégier les riches ou les importants parce qu'ils sont riches et importants. Mais à l'inverse, il ne faut pas privilégier le pauvre parce qu'il est pauvre. Autrement dit, dans les mots du maître, se garder d'expulser le pauvre de la condition humaine et faire comme s'il avait droit à une justice supérieure. Revenant sur les autres occurrences de ce thème de la justice martelé tout au long de la péricope – « Tu courras après la justice, la justice » – il dégage l'idée que la compassion n'est pas du domaine de la justice. Ce sont deux ordres qui doivent communiquer entre eux, mais qui sont séparés. Et voilà pourquoi il est demandé à la justice de ne pas se montrer indulgente envers les faibles et impitoyable avec les puissants. Et pourquoi aussi le juge est sommé de ne pas accepter de présent corrupteur, « car la corruption aveugle les yeux des sages et fausse la parole des justes » (Deutéronome 16, 19). Et Rachi précise encore, pour qu'il n'y ait aucune ambiguïté : « N'accepte point de présent corrupteur, même pour juger à la fin en toute justice ».

L'honneur fait à Myriam

« Myriam fut séquestrée hors du camp pendant sept jours. Et le peuple ne partit que lorsque Myriam eut été réintégrée » (Nombres 12, 15).

La fin de la péricope (le mot « péricope » dérive du substantif du grec ancien « perikope » qui signifie « découpage », le terme étant utilisé dans un contexte liturgique pour distinguer un récit constituant une unité littéraire) raconte la castration de Myriam, la sœur de Moïse et d'Aaron qui s'est rendue coupable de médisance à propos de la femme de Moïse. C'est Dieu lui-même qui prend la défense de Moïse en le couvrant d'éloges (« De toute ma maison, c'est le plus fidèle, je lui parle de bouche-à-bouche », Nombres 12, 7 et 8). Mais Myriam est aimée du peuple. Alors qu'elle est écartée du camp pendant sept jours, le peuple tout entier fait halte et attend qu'elle ait fini son confinement pour reprendre sa route.

Et pourquoi cet honneur fait à Myriam ? Que lui vaut cette compassion ? D'où lui vient cette considération du peuple qui fait que tout le monde s'arrête pour lui rendre hommage ?

Rachi a son idée. L'hommage qui lui est rendu tient au fait que petite fille, elle est restée au bord du Nil, postée au loin et observant ce qui allait arriver à son jeune frère jeté dans les eaux après avoir été couché dans un panier d'osier.

Les explorateurs cherchent un homme

« Et comment est la terre ? Est-elle grasse ou maigre ? Y a-t-il un arbre ou pas d'arbres ? » (Nombres, 13, 20).

C'est l'épisode des explorateurs. Dieu demande à Moïse de choisir parmi les guides du peuple douze individus représentant les douze tribus d'Israël. Avec pour mission de recueillir le plus d'informations sur la terre qui doit être conquise par les Hébreux sous la conduite de Josué fils de Noun.

Il leur est demandé de monter par le Néguev et d'observer à la fois la terre et le peuple qui y réside. Est-il fort ou chétif ? Est-il nombreux ou disséminé ? Et la terre, est-elle bonne ou mauvaise ? Y a-t-il un arbre ou pas ? Le commentateur champenois s'interroge sur cette dernière évocation d'un arbre. Un arbre, et non pas des arbres, comme il aurait été plus naturel de poser la question. Il ne vient pas à l'idée de l'exégète de la Bible de prendre le mot à la lettre et l'arbre pour un arbre. La question aurait été saugrenue, sourit le maître. Aussi bien, telle n'est pas l'interrogation première confiée aux explorateurs. Souciez-vous de savoir s'il y a un homme, quelqu'un de méritant, apte à couvrir les siens de son aura et à les protéger. La nature, certes, a ses vertus – plaide le maître –, mais elles sont éphémères, elles sont factices. Seul l'homme méritant peut étendre sa protection sur les siens.

Voilà pourquoi les explorateurs se voient confier la mission de regarder autour d'eux et de détecter non pas les grands arbres mais les grands hommes.

Où sont passées les oranges ?

« La rencontre d'un maître est une question de chance », disait le professeur, mais il ajoutait : « C'est une chance qui dépend de celui qui la cherche ». Et d'évoquer ce passage du Talmud (traité Sotta, 47a) où on dit que depuis la mort de deux grands sages, les oranges ont disparu. Extinction des oranges tout simplement. Retirées du marché, envolées, volatilisées aussitôt qu'on a appris le décès de ces grandes figures du « Traité des sages ».

Alors les exégètes jouent avec le mot « Eshkol » (orange) en lui trouvant une signification différente, y voyant plutôt un rapprochement avec « Ich Kol », un homme qui contient tout en lui-même, un homme complet, totalement accompli.

Mais comment ne pas préférer le sens littéral ? L'orange, le fruit le plus juteux, le plus sucré, le plus gorgé est mis en parallèle avec les deux maîtres et leur enseignement dont on a rappelé au préalable toute la sève. Au fond, cette métaphore fruitée veut dire seulement que le départ des grands hommes laissait un vide proche de celui que laisserait la disparition subite des oranges sur les étals. Tout d'un coup, de la corbeille serait absent le fruit le plus rond, le plus accompli, le plus achevé. Tout devient pâle et sans goût. Tout perd sa sève et tout paraît insipide. Du jour où ces deux êtres ont été absents de la terre, plus jamais les oranges n'ont ressemblé à des oranges.

Autre orange du Talmud, Hillel le sage qui s'est illustré en se confinant sur le toit d'une synagogue pour entendre un cours, trop pauvre pour soudoyer le bedeau qui ne le laissait pas entrer. On le découvrira le lendemain matin, gelé sous une couche épaisse de neige, on le ranimera et on congédiera le bedeau âpre au gain.

La soif de connaissance de Hillel ne se limitait pas au domaine religieux. On dit de lui qu'il n'y avait aucune science dont il acceptait qu'elle lui demeurât étrangère. Il a appris toutes les langues. Il connaissait le dialogue des montagnes, des plaines et des vallées, le dialogue des arbres et des herbes, celui des animaux, des poules et des oiseaux, celui des fantômes et des métaphores. Et quand on lui demandait pour quelle raison il s'astreignait à se frotter à tant de sciences, il répondait en citant la Bible : « Pour que se justifie que Dieu veuille étendre sa sagesse et la glorifier » (Ézechiel 36, 23).

Le même Hillel, qui était loué pour sa simplicité, pour sa pauvreté, pour son ouverture, et surtout pour sa modestie, est au centre d'une interrogation. On rapporte ce mot de lui alors qu'il était entouré par ses élèves dans des moments de gaieté, pendant la fête de Souccot (où la joie est de mise) : « Si moi je n'y suis pas (à une célébration à laquelle il était convié), qui donc y sera ? »

A priori, cette exclamation du grand sage à l'adresse de ses disciples, ne fait pas montre d'une modestie extrême. Elle serait même assez proche de la forfanterie. Les commentateurs de ce passage l'éclairent néanmoins de manière différente. Il s'agissait en fait pour Hillel de montrer à ses élèves l'importance et la nécessité pour chacun de prendre part à la fête, en évitant de se décharger sur d'autres. Il n'y a aucun moyen d'échapper à la responsabilité du moi en se déchargeant sur d'autres qui pourraient s'acquitter de la tâche. Le moi est unique, et à ce titre irremplaçable, dans sa tâche de moi. Il est haïssable dans la vie courante, comme chez Pascal, mais dès lors qu'il est question de prêcher l'exemple, personne ne peut se substituer à moi. Consacrant Hillel le sage comme le symbole même de l'humilité, donnant mille exemples de cette vertu dans sa conduite au jour le jour, le Talmud ne retient pas moins dans sa bouche ces mots d'une apparente et étrange vanité.

C'est que l'humilité n'est pas une vertu en tous lieux et en toutes circonstances. Il est des cas où le moi doit être moi.

Au reste, le Traité des pères met en exergue les deux phrases attribuées à Hillel. La première ; « Si je ne suis pas pour moi, qui suis-je ? » est suivie aussitôt par la seconde : « Si je ne suis que pour moi, que suis-je ? »

Il disait

Il disait que les foules pouvaient être le lieu même de la confrontation entre l'éthique et le politique, qu'elles pouvaient avoir un visage, qu'elles pouvaient dire « je ».

Il disait que quelquefois, un mouvement civique portait en lui l'idée qu'on pouvait se sentir responsables de ce dont on n'était pas coupables. Il disait aussi que c'est encore dans notre monde, le monde démocratique, malgré tous ses défauts et tous ses dangers, mais à cause de sa faiblesse et son ouverture à la critique de l'individu et au souci du particulier, c'est cet ordre-là qui est le meilleur. Et il ajoutait que le judaïsme était frère de ce message-là.

Il disait que nous sommes tous « des collectionneurs athées » (j'ai recopié cette phrase dans mon journal sans jamais arriver à comprendre ce qu'elle signifiait), et aussi que « la sainteté était meilleure que l'égalité » (ce qui me paraissait par contre mieux coller à son œuvre et à son personnage).

Il disait encore que la foi devait passer obligatoirement par l'athéisme, qu'il ne pouvait pas en être autrement, que c'était une étape indispensable.

Elle disait de son côté qu'il fallait transformer le judaïsme, et que le maître le faisait à sa manière. Tout comme les premiers théoriciens sionistes avaient voulu changer les juifs, la tâche consistait peut-être à tenter de changer le judaïsme comme on change l'eau des fleurs. Pas tout jeter par-dessus bord, mais l'embrasser tout entier, le traverser de part en part pour le transmuer, le transcender, l'exalter. Prendre au hasard un verset ou en saisir deux ou trois et les faire parler autrement, et pour le coup projeter une lumière différente sur le corpus tout entier.

Elle disait, citant Proust que le professeur chérissait : « Chacun de nous a la charge de ceux qu'il aime, charge de les faire connaître et aimer. »

Elle disait, reprenant encore une fois une citation de Proust, celle où il répond à la demande de pardon de Gide. L'éminence de la NRF s'excusait du refus de publier *Du côté de chez Swann*, et dit que ce refus restera l'un des regrets, des remords les plus cuisants de sa vie. À quoi Proust répliquait : « Sans le refus, sans les refus répétés de la NRF, je n'aurais pas reçu votre lettre… Il n'est pas possible qu'ayant lu mon livre, vous ne me connaissiez pas assez pour être certain que la joie de recevoir votre lettre passe infiniment celle que j'aurais eue à être publié par la NRF. »

Deux voisins

C'est une figure du quartier qu'il m'est arrivé de croiser de temps à autre, au « Village d'Auteuil » ou au « Fétiche », toujours pour mon plus grand profit. Philippe N. n'est jamais venu au cours, mais il connaît le maître depuis de nombreuses années. Ils sont voisins, habitent à 100 mètres l'un de l'autre et se reçoivent parfois. Rond, espiègle, volubile, il est enseignant et sa femme journaliste. Tous deux ont fait leur thèse de philosophie sous l'égide du professeur. Lui en plus est l'auteur d'un livre remarqué sur Job où il explique que le mal est un excès, et où il se demande si le mal est naturel ou si au contraire c'est le bien qui l'est. Il dit aussi que le livre de Job est souvent négligé, oublié, ignoré, ou mal interprété, autant du côté des chrétiens que du côté des juifs.

Du maître, il garde l'image d'un homme charmant, dont la conversation était agréable, toujours joviale. Il était davantage familier de sa philosophie que de son parcours d'éducateur. Il s'était rendu compte très vite que si, au long de leurs conversations, il lui arrivait de se confier au philosophe, il savait en revanche très peu de choses sur lui, sur l'école qu'il dirigeait ou sur le passé qui avait été le sien. Il était concentré sur sa pensée et n'a découvert le reste que très tard. Au fond, c'était l'inverse des élèves de l'école. Nous, nous avions le versant des cours bibliques, et lui avait l'autre versant. Nous voyions vivre au quotidien quelqu'un dont lui ne soupçonnait même pas l'existence. Comme il n'imaginait pas non plus l'intersection entre les deux mondes, comment sa philosophie puisait ses racines dans son judaïsme, et comment le vieil arbre biblique pouvait donner de nouveaux fruits à l'humanité entière.

Jean M. lui non plus ne vient jamais au cours. Mais c'est un voisin de la rue d'Auteuil, qui passe pour un philosophe chrétien, même si l'appellation ne lui plaît qu'à moitié, tout comme l'étiquette de philosophe juif déplaît profondément au maître.

Il n'est pas un habitué du cours, mais il rêve au fond de produire lui aussi quelque chose qui ressemblerait à une variation talmudique sur les Évangiles. Et en attendant, il fait des gammes souvent très réussies.

Ainsi, ce bon connaisseur de l'hébreu – voilà ce qui les réunissait aussi – était capable, en tirant sur sa pipe, de concocter une belle méditation sur la signification profonde du péché, en partant de la racine hébraïque. « Hato » veut dire pécher, mais aussi, si on s'en tient au sens littéral, « rater sa cible », « frapper à côté », ou encore « se tromper d'objectif ».

Et notre philosophe à l'impeccable et éternel nœud papillon, d'expliquer que le péché par excellence – « Het » – n'est pas d'enfreindre tel commandement mais de désobéir à soi, d'aller à l'encontre de ce que nous sommes, de passer à côté de son chemin ou de sa vocation. L'erreur funeste, le péché originel, c'est le renoncement.

Journal II

Lire avec imagination

Samedi 3 septembre
La mort de Moïse

C'est un des plus beaux passages de la Bible, accru encore davantage par les commentaires du Champenois, et par toutes les légendes qu'on a bâties autour de lui.

Bialik, grand poète et éminent exégète, mélange le récit et la légende et imagine le dialogue entre Dieu et Moïse. Dieu qui a fixé le jour du trépas, et Moïse qui ne se résout pas à accepter son sort. Il se débat, il parlemente, il regimbe. Il dessine un cercle autour de lui et proclame qu'il ne bougera pas d'un pouce tant que le décret céleste n'aura pas été levé.

Dieu de son côté ne veut rien entendre. Il fait passer le message à toutes les portes du ciel, que les prières ne sont pas recevables et le décret imperturbable.

Moïse multiplie les suppliques. Après tout, il a supporté le fardeau, a porté le peuple pendant quarante ans dans le désert, et voilà qu'arrivé à son port, on ne veut pas de lui, on ne le laisse pas entrer.

Il supplie qu'à défaut d'entrer, on le laisse au moins comme les animaux des champs qui broutent l'herbe, boivent de l'eau et observent le monde. Il implore encore : Fais de moi un oiseau au-dessus de la terre. Il invoque le ciel et la terre, la lune et les étoiles, la montagne et les plaines et les mers pour qu'ils plaident pour lui et réclament la miséricorde en sa faveur.

Comme dans le songe du roi David, Dieu renvoie Moïse à Josué son successeur. Il ne convient pas que les leaders d'une génération percutent ceux d'une autre génération. Il n'est pas bon que deux royaumes coexistent et que l'un empiète sur l'autre. C'est ainsi que l'inspiration a quitté l'esprit de Moïse pour habiter celui de Josué. L'heure de son congé est ainsi arrivée. Moïse croise les bras au-dessus de son cœur et proclame : Voyez la fin d'un être de chair et de sang. Le récit s'achève par une ultime bénédiction des douze tribus d'Israël. Dieu dépose un baiser dans sa bouche et l'âme de Moïse s'envole.

« Et Moïse, serviteur de Dieu, mourut en terre de Moav, selon le dire de Dieu » (Deutéronome 34, 5).

Se peut-il, demande Rachi, que Moïse soit mort et qu'il annonce lui-même son propre trépas ? C'est que la dictée finale s'arrêtait là, et Josué a pris la suite pour annoncer la mort de son maître. Dieu dictait, dit encore l'exégète champenois, et les larmes coulaient des joues de Moïse vers les lettres carrées.

L'image si poétique d'un homme mourant, contraint d'écrire sa fin sous la dictée divine en trempant sa plume dans ses propres larmes, ne pouvait pas ne pas inspirer le grand poète lituanien élevé dans l'amour de la Bible et de la littérature et qui n'a jamais séparé l'une de l'autre.

Samedi 10 septembre
L'apparition d'un visage

Je me suis rendu cette semaine aux cours du professeur en pensant à tous ceux, nombreux autour de moi qui se laissent aller à distinguer chez lui entre l'œuvre philosophique et l'œuvre juive. Séparation qui me paraît, maintenant que je lis tous les écrits, tellement artificielle ! Comment ne pas voir que tout est d'une seule coulée, que tout se tient, ou en tout cas que tout se rejoint et se fond ?

D'ailleurs, l'alternance entre livres de réflexions philosophiques et essais d'exégèse talmudique (avec le jeu de bascule subtil entre éditeurs), qui a longtemps – c'est vrai – régi le cours de la création, n'est plus en vigueur. Désormais, les « compartiments » semblent s'être un peu estompés, et les derniers ouvrages sont des bouquets où on retrouve une interview, un morceau d'exégèse, un texte ancien inédit... Tout est mêlé.

Nous sommes assis, Raphaël, Blanche, Barbara et moi dans un coin avec la douce impression de former un « clan ».

Le passage talmudique choisi cette semaine est tiré du début du traité Berakhot (Bénédictions). Passage classique, c'est le traité des débutants, dans lequel le public est à l'aise.

À partir de quand est-il permis de lire le Chema du matin (« Écoute Israël », la prière centrale dans l'office du matin et du soir) ? Réponse : Dès qu'il fait suffisamment jour. Mais à quoi reconnaît-on que le jour est là ? On répond : Dès qu'on peut distinguer le bleu-vert du blanc. Mais les sages du Talmud ont un meilleur critère : depuis l'instant où on est en mesure de reconnaître le visage d'un passant qu'on accoste à quatre coudées de distance (Berakhot 9b).

Le rite, le commandement, la liturgie, cherchant leurs repères dans l'apparition d'un visage sous la lumière du jour, le professeur exulte.

Je vais lui serrer la main, comme j'en ai pris l'habitude désormais, et il m'invite à aller le voir à son domicile, dans la semaine, pour bavarder.

Samedi 17 septembre
Un mouvement d'aile

Depuis que le cours est devenu plus succinct, des foules de choses me reviennent à chaque fois en mémoire, souvenirs des années précédentes qui se superposent au cours lui-même.

Connaissez-vous le plus beau vers de la Bible, disait le maître ? C'est dans la Genèse, le récit de la création du monde : « Et le souffle divin planait au-dessus des eaux… » (Genèse 1, 2). Le mot planait en hébreu (« merahefet ») a quelque chose d'attendrissant, comme un mouvement d'aile. Rachi se laisse aller à la poésie dans son commentaire.

« Le siège saint est suspendu en l'air et plane par-dessus les eaux, porté par la parole proférée par la bouche de l'Éternel, comme une colombe protégeant son nid. Couver en français ».

Sur ce monde où rien n'existe, la grande aile de l'Éternité fait planer un souffle de tendresse.

Samedi 24 septembre
Les femmes sont toujours deux

Les plus anciens des fidèles du cours se souviennent qu'il y a longtemps, le professeur donnait en fait deux cours le samedi. Un premier le matin, sur Rachi. Un second dans l'après-midi, destiné surtout aux élèves de l'école, et qui portait sur la littérature. C'était Tolstoï, Dostoïevski, Proust, Agnon... Les auteurs qu'il aimait et qu'il cherchait à faire aimer en appliquant la même discipline. Réveiller le sens profond des mots. Faire vivre ces textes d'une vie particulière. Lire toujours avec imagination, même les passages les plus ardus, même les plus secs. Tous les grands livres, disait-il, sont des livres sacrés.

J'ai vu Blanche dans un café du Trocadéro. Elle a pris un coca, j'ai pris une menthe à l'eau. Un badaud m'a tiré par la manche et cela a fait rire tous les clients attablés. Elle a mis un tailleur sombre et l'éclat de son rire me rappelle les traits de Barbara. Nous avons parlé de Woody Allen et de son passage à « Sept sur Sept », de la subtilité de ses réponses, et de la manière dont il a laissé la journaliste s'enferrer dans toutes les questions pièges en répondant avec sérieux et en la regardant à peine. Elle est drôle quand elle évoque la ribambelle de bijoux sur les mains d'Anne Sinclair.

Elle me confie regarder peu la télévision. Elle ne lit pas non plus les journaux, sauf une fois par semaine *Le Monde*, c'est tout. « Mais comment fais-tu pour t'informer ? » m'étonnai-je. « On me raconte. » C'était joli.

Nous avons parlé aussi du film de Kieslowski, *La double vie de Véronique*, et nous avons convenu que c'était un film qui mettait mal à l'aise. Elle a dit que les filles y étaient belles, d'une beauté qu'on ne voit pas ailleurs. Elle a ajouté que les femmes avaient cette supériorité sur les hommes d'être toujours deux, toujours doubles. Je l'ai regardée sans trop bien saisir le sens de ce qu'elle venait de dire, mais en pressentant qu'il y avait là quelque chose de profond et de vrai.

Nous nous sommes quittés devant la bouche du métro, et j'ai noté que ses traits se sont soudain durcis. C'est bizarre comme dès qu'elle cesse de rire, ses traits se figent. Comme si toute la jeunesse de ce visage, toute sa vitalité étaient contenues dans le mouvement des lèvres qui s'ouvrent.

« À demain peut-être au cours » (elle me confie qu'il y a trois ans, une délégation, avec pétition et tout, s'était rendue chez le professeur pour le retenir d'arrêter ses cours). Elle est repartie d'un air bougon. J'ai eu le temps d'apercevoir ses bas violets avec des losanges blancs.

Barbara m'en voudra-t-elle d'avoir vu sa mère au Trocadéro sans le lui dire ? Je sais que depuis la première fois que je les ai aperçues, ces deux visages m'ont frappé. Côte à côte. La brune et la rousse, très proches jusqu'à se toucher. L'une avait engendré l'autre, et pourtant le même éclat les rapprochait. Comme si elles étaient jumelles.

Aujourd'hui, je vois bien qu'elles se séparent, que le temps les éloigne l'une de l'autre et assigne à chacune sa place. Et pourtant, le miracle d'une expression, d'un sourire, d'un geste, les confond brusquement.

Samedi 30 septembre
Humour

Le trait d'humour dans ces cours est fréquent. Il y a même une gaieté naturelle, un sourire ou un franc éclat de rire qui ne sont jamais très loin.

Ainsi dans l'épisode de la ligature d'Isaac. Dieu réclame une preuve suprême de la fidélité d'Abraham. Il appelle Abraham. Le patriarche répond « Me voici ! ». « Prends ton fils, ton fils unique, celui que tu aimes, Isaac » (Genèse 22, 2).

Rachi s'amuse, et le maître avec lui, des hésitations d'Abraham qui fait mine de ne pas comprendre. « Prends ton fils ? » « Mais j'en ai deux » rétorque le Patriarche. « Ton fils unique » ? Mais ils sont tous les deux uniques par leur mère. « Celui que tu aimes » ? Mais je les aime tous les deux, dit le patriarche. Après ces circonvolutions, Dieu finit par lâcher le morceau : Isaac.

Il y a ce petit jeu qui consiste à faire attendre le fin mot et à le laisser deviner sans l'annoncer explicitement, à le réserver à la toute fin du verset, comme si, ajoute le maître, on jouait à se faire peur ou comme si on testait le patriarche en le mettant au pied du mur.

Le philosophe se montre tout aussi inspiré par un autre passage de la même péricope qui concerne le sort des villes de Sodome et Gomorrhe, promis à la destruction à cause de leur perversité.

Abraham se lance dans une âpre négociation. « Anéantirais-tu d'un même coup l'innocent et le coupable ? Peut-être y a-t-il cinquante justes dans cette ville pécheresse, les feras-tu périr aussi et ne pardonneras-tu pas à la contrée en faveur des cinquante justes qui s'y trouvent ? » (Genèse 18, 24). L'Éternel se range aux raisons invoquées et consent au pardon s'il se trouvait cinquante justes dans la contrée. Mais le patriarche continue de parlementer pied à pied. « Je ne suis que cendre et poussière », plaide-t-il, et s'il n'y en avait que quarante-cinq ? Et s'il n'y en avait que trente ? Que vingt ? Que dix ? La scène ne manque pas de sel, le patriarche multipliant les requêtes jusqu'au bout de l'ultime. Dialogue intense où le patriarche palabre, négocie, tire la corde et fait précéder chacune de ses relances par un aveu d'humilité. Il n'est que « cendre et poussière », mais il se bat comme un lion et va jusqu'au bout du possible pour faire reculer la funeste sentence divine.

Samedi 7 octobre
Le maître du maître

Il me faut égrener quelques souvenirs du cours qui remontent à la surface à leur gré, selon leur bon vouloir et mon inspiration, au fil de la lecture des péricopes d'une semaine l'autre.

La scène est décrite dès le début de la péricope, en peu de mots : « L'Éternel se révéla à lui dans les plaines de Mamré tandis qu'il était assis à l'entrée de sa tente, pendant la chaleur du jour. Comme il levait les yeux et regardait, il vit trois personnages debout près de lui » (Genèse 18, 1-3).

Rachi décrit la scène de plus près. C'était le troisième jour de sa circoncision et Dieu en personne vient s'enquérir de la santé du patriarche, lui rendre visite et prendre de ses nouvelles. Abraham est assis sous sa tente, et le commentateur champenois précise qu'il a entrepris de se lever et Dieu le somme de rester assis pendant que lui se tiendra debout.

« Sous la chaleur du jour. » Dieu, dit Rachi, a fait sortir le soleil de son plein séjour pour épargner au patriarche des visites pénibles, mais comme il le voyait se morfondre, il lui a envoyé des anges sous la figure de trois hommes.

« Et voici trois hommes. » L'un avait pour mission d'annoncer la bonne nouvelle à Sarah, le second de s'occuper des pécheurs de Sodome, et le troisième d'apporter la guérison.

« Et il vit. » La première occurrence est littérale, et la seconde a trait à la prise de conscience.

Mais il y a le maître du maître qui s'est aussi intéressé à ses versets et les a commentés dans ses carnets longtemps illisibles mais aujourd'hui accessibles sur Internet, en décortiquant lui aussi chacun des éléments du verset.

Dans « il leva les yeux et il vit », il note un élément narratif significatif, l'élément de surprise (qui n'est pas relevé par les commentateurs classiques). Le patriarche ne s'y attendait pas, c'est le sens aussi du « voici ».

Dans le Nitzavim (debout près de lui), il perçoit une marque d'hésitation. Les trois individus, ou les trois anges, on ne sait pas très bien à ce stade du récit, s'immobilisent, et Abraham en déduit qu'ils ne veulent pas le déranger dans sa conversation avec le ciel. En même temps, il devine un désir non formulé de pénétrer dans la tente et de s'y reposer. Le patriarche lui-même hésite sur l'interprétation qu'il convient de donner à l'indécision de ses hôtes.

En même temps, Abraham court. Il court les servir et il court pour mettre fin à leur hésitation. Il ne veut pas rater ce moment. Il ne veut pas qu'ils s'en aillent.

Ce que cherche dès lors à nous dire ce récit a trait à l'abord d'autrui, à la mise en alerte pour deviner le désir d'autrui, les nuances de ses hésitations et le devoir d'hospitalité qu'il incombe de prendre en charge. Tout se passe comme si l'hésitation était double, comme si l'hôte – dans la belle expression française qui fonctionne à double sens – était réversible, comme si chacun était l'hôte de l'autre.

Dans ces carnets retrouvés qui mettront encore des années à livrer leur secret – mais des chercheurs peinent là-dessus depuis qu'ils ont été versés à la bibliothèque nationale de Jérusalem –, on a une petite idée de sa méthode et de sa manière.

À partir de cet exemple, on perçoit l'importance qu'il accorde à l'idée qu'il faut s'efforcer d'éviter toute action non éthique qui procède parfois, sans qu'on le veuille, du manque d'attention. Dans son approche de la Bible, des Proverbes, des Psaumes, il est en quête d'une orientation spirituelle et éthique pas seulement dans la pensée mais dans la conduite.

Samedi 14 octobre
Belle comme de l'encens

La péricope intitulée « La vie de Sarah » raconte surtout la mort de Sarah, et souligne que le patriarche Abraham a pris une seconde épouse appelée Ketoura (Genèse 25, 1).

Rachi commente en disant d'abord que Ketoura, c'est Agar. Il précise qu'elle est appelée Ketoura parce que ses œuvres sont belles comme de l'encens (Ketoret), mais aussi parce qu'elle s'est ralliée dans sa fidélité à la lignée d'Abraham et ne s'est attachée à personne d'autre depuis le jour où elle a été séparée de lui.

D'autres commentateurs vont plus loin en disant que c'est Isaac lui-même qui a pris sur lui de réparer le tort causé en allant chercher Agar après la mort de sa mère (Genèse 25, 1). Les larmes d'Agar et celles de son fils Ismaël auront donc été entendues.

De quelle autre figure de la Bible l'exégète médiéval prend-il la peine de dire que ses actions sont belles et qu'elle tient son nom d'un encens ?

Samedi 21 octobre
Voici les engendrements

Il préparait son cours le vendredi soir après le repas collectif qu'il prenait à l'école, en invitant à tour de rôle un ou deux élèves. Quand on était désignés à la table du directeur, c'était une marque d'estime mais on n'en menait pas large, un peu comme quand on était convoqué au 6e étage et qu'on prenait l'ascenseur la boule au ventre. Pour le vendredi soir, c'était différent. On se demandait si on allait être à la hauteur de la conversation, et aussi si on allait avoir les bonnes manières de table, et le bon usage quant au désossage du poulet, exercice de haute voltige dans lequel le maître s'illustrait souvent.

La péricope des « engendrements » s'ouvrait par deux versets en forme de paradoxe. « Ceci est l'histoire d'Isaac, fils d'Abraham. Abraham engendra Isaac » (Genèse 25, 19-20).

Rachi s'étonne de la redondance du propos et s'amuse à imaginer que les porteurs de quolibets de l'époque, faisaient courir le bruit que Sarah était tombée enceinte du roi Abimelekh (étant entendu qu'elle était restée longtemps stérile aux côtés d'Abraham, qu'un épisode précédent rappelle combien elle était belle, et comment

Abimelekh s'était épris d'elle avant de découvrir qu'elle n'était pas la sœur mais la femme d'Abraham). Que fit l'Éternel ? demande Rachi. Il donna à Isaac les traits d'Abraham, de sorte que tout le monde pouvait se rendre compte : c'est Abraham qui engendra Isaac.

Ce Toledot dont la péricope porte le nom – et qui signifie « engendrements » ou « généalogie » ou « histoire » – renvoie à un autre Toledot précédent, celui qui préside à la création du monde. « Voici le livre des généalogies de l'homme, lorsque Dieu créa l'être humain, il le fit à sa propre ressemblance » (Genèse 5, 1).

Lorsqu'il lui arrivait de commenter ce passage, le maître n'omettait jamais de rappeler le fameux apologue du Talmud de Jérusalem, qui a trait à une controverse autour d'une interrogation : quel est le verset le plus important de la Bible ? Un des sages proposa ce même verset sur les engendrements. Un autre sage porta son choix plutôt sur un autre verset : « Un agneau le matin et un agneau l'après-midi » (référence aux sacrifices de la journée imposés par le rituel du temple et la discipline installée par cette régularité). Mais c'est Rabi Akiba qui eut le dernier mot, en décrétant que le verset le plus important de la Bible était sans conteste « Tu aimeras ton prochain comme toi-même » (Lévitique 19, 18).

Samedi 4 novembre
La double frayeur

Le récit porte sur l'envoi de messagers par Jacob vers Esaü son frère, au pays de Séïr, dans la campagne d'Edom. Le message est un message de paix, d'apaisement, de réconciliation. Jacob rappelle à l'intention de son frère qu'il a séjourné chez Laban et qu'il a prolongé ce séjour. Il dit avoir acquis des bœufs, des ânes, du bétail. Et il précise qu'il dit tout cela pour « obtenir faveur à ses yeux ».

« Les passagers, poursuit le récit, reviennent près de Jacob en disant : Nous sommes allés trouver ton frère Esaü ; lui-même vient à ta rencontre et quatre cents hommes l'accompagnent » (Genèse 32, 7-10). Et le texte ajoute : « Jacob fut fort effrayé et plein d'anxiété. »

L'exégète médiéval commente : il fut effrayé par la peur d'être tué, et il fut anxieux de tuer lui-même. Double frayeur d'avoir à mourir ou d'être contraint de donner la mort. Cruel dilemme dont on trouve de nombreuses traces dans la littérature de l'immédiat après-guerre. Maintes productions, romans, essais, pièces de théâtre en vogue à l'époque du courant existentialiste, mettaient en scène ces thèmes. Camus les a popularisés, autant que Sartre. Et notre philosophe pourrait se citer lui-même s'il en avait le goût et si l'exercice du cours biblique du samedi matin s'y prêtait.

« La main qui se saisit de l'arme doit souffrir de par la violence même de ce geste. L'anesthésie de cette douleur amène le révolutionnaire aux frontières du fascisme. »

Samedi 18 novembre
Principes et visages

La Haftara est le passage des Prophètes qui suit la péricope de la semaine. Elle est choisie en général, pratiquement toujours, en référence ou en rapport avec cette péricope.

Le passage qui raconte le fameux jugement de Salomon ne faillit pas à la règle puisqu'il s'ouvre sur un rêve du monarque, successeur de David. « Et Salomon s'éveilla, et voici que c'était un rêve » (Rois I 3, 15).

De quel rêve s'agit-il ? Le roi est à Gabaon et il voit apparaître dans un songe nocturne l'Éternel qui lui demande : « Que dois-je te donner ? » Il répond qu'il est maintenant le successeur désigné de son père et qu'il n'est encore qu'un jeune homme « malhabile à se conduire ». Il réclame donc du ciel « un cœur intelligent », apte à juger son peuple et à savoir distinguer le bien du mal. Et c'est là qu'intervient, alors que le monarque festoie avec ses sujets, la fameuse scène du jugement de Salomon.

Deux femmes – prostituées, précise le texte – se présentent pour raconter leur histoire. Toutes deux ont donné naissance à deux enfants. L'un des deux enfants est trouvé mort pendant la nuit parce que sa mère s'est couchée sur lui. Et toutes deux réclament l'enfant vivant. Le roi demande un glaive et se propose de couper en deux parts l'enfant vivant et d'en donner la moitié à chacune des deux mères. Expérience infaillible, la vraie mère refuse l'offre et la mauvaise l'accepte. Ainsi le roi tranche et rend son jugement en restituant l'enfant vivant à sa véritable génitrice.

« Tout Israël eut connaissance du jugement que le roi avait rendu, et ils furent saisis de respect pour le roi, car ils comprirent qu'une sagesse divine l'inspirait dans l'exercice de la justice » (Rois I 3, 28).

Cela ressemble à un conte populaire. Les acteurs de la scène sont anonymes. La dramaturgie est là. La vie, la mort, la vérité, le mensonge s'entrecroisent. La parole du monarque sage permet à la vérité de triompher du mensonge. Et tout cela concourt à une justice qui procède d'un cœur intelligent, c'est-à-dire capable de discerner le bien du mal, de juger en face de soi des visages aptes à ressentir, à réagir, à s'indigner, à s'émouvoir.

Le songe de Pharaon, par lequel s'ouvre la péricope de la semaine (Genèse 41, 1) n'a rien à voir avec le jugement de Salomon, sinon que les deux premiers versets se recoupent et se répondent d'une certaine façon. « Et Salomon s'éveilla et voici que c'était un rêve. » « Et le pharaon rêva et voici qu'il se trouvait au bord d'un fleuve. »

D'un songe à l'autre, il n'y a pas photo, mais les rêveurs sont de la même trempe. Ils sont tous deux monarques, tous deux soucieux de faire le bonheur de leurs sujets, et leurs songes sont nourris d'un égal désir. L'un veut assurer le bien-être économique de son peuple, et l'autre voudrait être sûr de rendre des jugements équitables et justes. Pour le reste, ce qui rapproche la péricope et la Haftara est purement fortuit. Il ne tient à rien d'autre qu'à une pure association d'idées.

Samedi 25 novembre
Fierté

Il y a comme une fierté chez lui, que le plus grand des commentateurs ait été français, que la France ait connu un immense exégète de la Bible, qu'il fût Champenois, amateur de bon vin, qu'il fût juif de langue française, qu'il fût rigoureux, fin, concis, économe de ses mots, voilà qui ne laissait pas de l'étonner. On sentait que le maître goûtait particulièrement et avait l'air de se délecter quand le commentateur relevait une indécision grammaticale dans l'acte attribué à Abraham et qui consistait à planter sa tente (Genèse 12, 8). Il y avait une lettre – « hé » – en trop et qui marquait le féminin. Signe de galanterie pour le coup très française qui consistait à planter la tente de son épouse avant la sienne. La grammaire venait ainsi au secours des bonnes manières et le maître souriait malicieusement.

Samedi 2 décembre
Une douce consolation

Une autre « Haftara » se lit au cours de l'année, mais aussi le jour de Kippour. Il s'agit d'un passage des Prophètes, celui d'Isaïe (58, 5-7).

Le prophète clame à la face du peuple : « Comment un pareil jeûne me serait agréable ? Quand un homme se morfond le corps tout le jour, se couvre de cendre et de calice, vous appelez cela un jeûne ? Un jour agréable à l'Éternel ? Non, vraiment, le jeûne qui m'est agréable, le voici. Brisez les chaînes de vos passions mauvaises, délivrez celui qui est pesamment chargé, donnez la liberté aux esclaves et enlevez le joug qui pèse sur le malheureux. Oh, rompez le pain avec ceux qui ont faim, ouvrez votre porte à ceux qui n'ont pas d'abri, donnez des vêtements à ceux qui sont nus, et ne détournez pas les yeux de vos proches parents. »

Où le prophète fougueux se moque des sacrifices, du rituel, des prières, du jeûne, de toutes ces postures qui sont le cœur de la liturgie du jour de Kippour et auxquels il semble tout à fait étranger. Ce n'est pas cela qui retient son attention. Il insiste. Soulager les malheureux, soutenir les cœurs faibles, aider la veuve et l'orphelin, s'éloigner de la violence, de la trahison et de la médisance, voilà ce qu'attend le ciel de cette journée de jeûne et de contrition.

« Alors, dit le texte, votre lumière pointera comme l'aurore, une douce consolation germera pour votre âme, la vertu vous précédera, et la majesté fermera la marche » (Isaïe 58, 8).

Samedi 9 décembre
Deux sages-femmes

La première péricope de l'Exode nous entraîne assez vite dans des événements dramatiques, ceux-là mêmes qui vont faire passer les Hébreux d'un statut de minorité tolérée à un état d'esclavage, et de Moïse prince d'Égypte à Moïse leader du peuple hébreu.

Mais le passage choisi a trait à deux héroïnes du récit. Elles s'appellent Shifra et Poua et sont toutes les deux des sages-femmes. On ne sait pas grand-chose d'elles sinon que le Pharaon leur a donné pour instruction d'empêcher les mères hébreues de donner naissance.

« Le roi d'Égypte s'adresse aux sages-femmes hébreues qui se nommaient l'une Shifra et l'autre Poua et leur dit : Lorsque vous accoucherez les femmes hébreues, vous examinerez les attributs du sexe : si c'est un garçon, faites-le périr ; une fille, qu'elle vive » (Exode 1, 15-16).

Les sages-femmes n'ont cependant pas obéi aux ordres du Pharaon et ont laissé vivre les garçons, s'illustrant ainsi par une désobéissance civile qu'elles ont masquée par un mensonge. « C'est que les femmes des Hébreux ne sont pas comme celles des Égyptiens ; elles sont vigoureuses, et avant que la sage-femme soit arrivée près d'elles, elles sont délivrées » (Exode 1, 19).

Et le texte ajoute : « Comme les sages-femmes craignirent Dieu, il leur donna des maisons » (1, 20-21).

Il faut comprendre, disent les commentateurs, ces maisons comme des foyers, ou des familles, ou des descendants. Ces accoucheuses, qui passaient toutes à l'époque pour être stériles, donnèrent naissance à des enfants, à l'instar de Sarah, de Rebecca et de Rachel. Telle Antigone, elles avaient bravé le pouvoir, s'étaient levées contre l'arbitraire et avaient dit « non ».

Il faut dire encore un mot du verset suivant commenté par Rachi. « Pharaon donna l'ordre suivant à tout son peuple : Tout mâle nouveau-né, jetez-le dans le fleuve, et toute fille, laissez-la vivre » (Exode 1, 22). Il s'agit bien de « tout son peuple », et il s'agit bien de jeter dans le fleuve, pas seulement les enfants mâles hébreux, mais tous les enfants mâles de toute l'Égypte.

Le Champenois insiste là-dessus en précisant que le jour de la naissance de Moïse, les conseillers et stratèges ont confié aux oreilles du roi qu'un libérateur devait naître, mais on ne savait pas s'il était égyptien ou hébreu. C'est la raison pour laquelle l'édit prononcé concernait tous les enfants mâles, de quelque origine qu'ils fussent.

Pour être sûr qu'aucun libérateur ne verrait le jour, le Pharaon s'en est pris à tous les enfants nouveau-nés mâles, faisant ainsi la guerre à tous pour n'avoir pas à affronter un seul. Je tiens ce commentaire de Simon Hazan qui le tient lui-même de la bouche du maître.

Samedi 16 décembre
Bâtisseurs du temps

« L'Éternel parla à Moïse, dans le pays d'Égypte, en ces termes. "Ce mois-ci est pour vous le commencement des mois, il sera pour vous le premier des mois de l'année" » (Exode 12, 1-2).

Ce mois-ci. Rachi explique que Moïse se fait montrer du doigt la pleine lune dans son renouvellement, qui est en même temps le signe d'un nouveau mois qui s'annonce. Le Champenois ajoute qu'il était logique que tout le Pentateuque s'ouvrît sur ce verset qui, après tout, constitue le premier commandement, celui qui consiste à bénir l'avènement d'un mois nouveau.

Le « pour vous » a aussi son importance. Désormais, soulignent les commentateurs, vous serez maîtres de votre temps. Alors que ce temps, dans toute la période de l'esclavage en Égypte, était dévolu à d'autres qui en fixaient les règles et le rythme, il sera désormais « entre vos mains ». Il ne s'agit pas, dans le récit, d'une observation cosmologique ou astronomique. Il est question d'assurer que désormais, les Hébreux seraient des hommes et des femmes libres, qu'ils ne seraient plus subjugués, qu'ils seraient maîtres du temps, et même bâtisseurs de ce temps.

Samedi 30 septembre
Un régiment d'anges

Au cours du professeur, je me suis retrouvé seul cette semaine. Il n'y avait ni Raphaël, ni Edmond, ni Barbara, ni Blanche. Seule une jeune fille anglaise au fond de la salle me souriait de temps à autre ou me faisait des signes bizarres, comme si elle voulait me confier quelque chose que je ne comprenais pas.

L'élève qui « officiait » s'est embrouillée à plusieurs reprises dans la lecture des premiers versets. Le professeur accélérait le pas, signe qui ne trompait pas chez lui. Il était pressé d'en arriver au texte du Talmud.

C'est une page du traité Avoda Zara (22b). Une page au demeurant surprenante où un sage rapporte l'anecdote selon laquelle seul le don de la Torah sur le Sinaï a « lavé de toute impureté ceux qui y étaient présents ».

Le professeur n'élude pas. N'y aurait-il pas là plus qu'un soupçon de racisme ? Le maître lève les bras au ciel. « Non, on peut être présents par l'esprit au Sinaï. » Le texte le dit d'ailleurs. « Ce n'est pas avec vous seuls que j'institue cette alliance et ce pacte, mais avec ceux qui sont aujourd'hui placés avec nous, en présence de l'Éternel notre Dieu, et avec ceux qui ne sont pas ici, à côté de nous, en ce jour. » Un régiment d'anges passe…

Mardi 4 octobre
La grâce est infinie

C'est un texte de l'Exode qui figure dans les Dix commandements.

« Car moi, l'Éternel ton Dieu, je suis un Dieu jaloux qui poursuit le crime des pères sur les enfants jusqu'à la troisième et la quatrième génération, pour ceux qui m'offensent, et qui étend sa bienveillance à la millième, pour ceux qui m'aiment et gardent mes commandements » (Exode 20, 5-6).

Quarante ans pour les méfaits et les offenses et mille ans pour la bienveillance, dit Rachi. Double barème de la disgrâce et de la grâce. La disgrâce ne vaut que pour trois ou quatre générations, soit le temps d'une vie d'homme qui peut agir, dans le meilleur des cas, sur des enfants, des petits-enfants et à la rigueur sur des arrières-petits-enfants. Il peut faire rayonner son exemple sur tout cet arc, en revendiquer la charge, et en porter une part de responsabilité. Mais la grâce, elle, est infinie. Elle s'étend sur mille ans. C'est-à-dire qu'au fond, elle est éternelle. Le bien fait à son prochain ne connaît pas de limite. Le mal qui est fait retentit sur la descendance.

Samedi 8 octobre
Les bruits du quartier

Atmosphère lourde des dimanches d'Auteuil. Sauf quand il fait beau comme cette semaine où je vais m'asseoir au café en face de la place du marché déserte, à l'angle de la rue Michel-Ange et de la rue d'Auteuil, sur la terrasse où on a l'impression d'être au centre du quartier et d'écouter tous ses mouvements.

J'ai donné rendez-vous à Rafaël. Nous continuons à nous voir, mais j'ai cessé les cours d'hébreu. C'est la jeune fille anglaise qui a pris le relais depuis quelques semaines. Elle est étudiante à l'Inalco et prépare un diplôme d'hébreu.

Rafaël est sombre. Il me raconte qu'il a avoué à la jeune fille anglaise qu'il était amoureux d'elle. À quoi bon, tricher ? Elle lui faisait réciter des conjugaisons et il la regardait dans le blanc des yeux. L'autre jour, elle s'est énervée de le voir distrait, alors il lui a tout dit.

Comment a-t-elle réagi ? Elle a rougi très fort, a fermé les livres et lui a gentiment laissé entendre qu'il était préférable d'arrêter les leçons. Il est dépité. Mais à quoi s'attendait-il à la fin ? J'admire sa manière d'aller toujours au bout de ses envies. Je le lui dis. Il me répond qu'il ne sait pas faire autrement.

Samedi 15 octobre
Le rêve et les futilités

Revenir dimanche après dimanche à ce journal, je n'y arrive pas toujours. Parfois, je me dis que si je cherchais à exprimer tous les sentiments qui m'habitent, je finirais par les emprisonner dans les mots. Parfois aussi, il m'arrive d'imaginer que mes proches tiennent eux aussi un journal, qu'ils y racontent les mêmes choses vues par leurs yeux, que je figure dans leurs récits comme ils figurent dans les miens, et que leurs mots s'accordent aux miens secrètement.

Cette semaine, au cours, il a été question du rêve (Genèse 37). Il faut prendre le rêve au sérieux, dit le maître, comme la manifestation d'un désir inconscient, bien entendu, comme le veut la psychanalyse, mais pas seulement. Il faut l'aborder comme une écriture qui nécessite d'être interprétée. Ne pas le faire, ce serait, dit le Talmud (Berakhot 55a), comme si on omettait d'ouvrir une lettre à nous adressée. Au fond, le rêve peut s'assimiler aux versets de la Bible dont chacun, dit Rachi, crie « Interprète-moi ». Et le commentateur champenois commente le texte à sa manière. Tant qu'on ne fait pas le récit d'un rêve, tant qu'on ne lui donne pas d'explication, il reste opaque et sans conséquence, comme un livre qu'on n'aurait pas ouvert.

Le maître évoque l'insistance de Rachi sur l'idée que tout rêve est porteur de choses insignifiantes.

Il y a parfois des aspects prophétiques dans les rêves bibliques, comme dans le récit de l'échelle de Jacob. Un aspect prémonitoire aussi, comme dans les rêves de Joseph qui voit son étoile monter, qui voit même ses frères et ses parents se prosterner devant lui, au point de susciter un coup de colère de Jacob.

Le rêve peut revêtir un aspect à plusieurs détentes. Il peut se poursuivre après une phase d'éveil intermédiaire. C'est le cas des songes du Pharaon sur les sept vaches chétives qui vont dévorer les sept vaches grasses.

Mais que tout rêve contienne des choses futiles, voilà qui est plus intéressant et capte ce matin toute l'attention du maître.

Samedi 22 octobre
Ici et là-bas

Quai Louis Blériot. Il y a une odeur d'encaustique dans l'immeuble qui ne me déplaît pas. Mon studio est au sixième étage. Il est coquet. Des murs blancs. Un vasistas ouvert sur le ciel, avec une belle lumière qui balaye la pièce, par beau temps. En se penchant un peu, m'a dit la logeuse, on peut voir un bout de la tour Eiffel. Un bar à l'américaine, en bois brut, cache à l'arrière un petit coin cuisine. « Vous avez une cuisinière toute neuve, vous pouvez tout faire, même des gâteaux. » J'ai répondu en rigolant que je me voyais faire beaucoup de choses dans ce studio, sauf des gâteaux.

J'ai installé sur le bar une machine à café. Contre le mur, devant le vasistas, ma table de travail avec tous mes livres de droit et quelques photos de famille, une table basse et deux chaises. Un fauteuil en toile noire me sert de « salon » le jour et de lit transposable la nuit.

Les dimanches ont l'air, de ce côté-ci du quartier, moins tristes que du côté de la rue Mignet. Il n'y a pas la même langueur. L'avenue de Versailles est plus animée. La Maison de la radio n'est pas loin. La Seine est en bas de chez moi, et il suffit de passer le pont pour retrouver Beaugrenelle et son agitation.

C'est drôle ce qu'une distance de deux cents mètres peut modifier le paysage. C'est Auteuil et ce n'est déjà plus Auteuil. J'ai l'impression d'avoir quitté le « cocon ». C'est une impression que j'ai souvent, de n'être plus « ici » et pas encore « là-bas ».

Sans compter qu'il faut désormais que je m'occupe de mon linge, de mes achats, de mes courses.

Samedi 29 octobre
Une chambre à soi

Elle est venue me voir, chez moi, dans mon studio. C'est la première personne que je reçois et c'est elle. Elle m'a apporté un livre *Une chambre à soi* de Virginia

Woolf. J'ai été très ému, ne sachant pas quoi faire pour la remercier.

Elle s'est assise en face de moi sur le fauteuil en toile noire. J'ai servi des jus d'orange, j'ai apporté des cacahuètes, et nous avons parlé de nous. De mes examens, des siens, de notre avenir, enfin de l'avenir de chacun de nous, de ce que nous ferions plus tard, « quand nous serions grands ». Elle savait ce qu'elle voulait, la philo, une agrégation sans doute. Moi, je suis plus hésitant. Le droit ? La carrière d'avocat ? La magistrature ? L'enseignement ? Le journalisme ? La philo ? « Peut-être, au fond, ce qui me conviendrait, c'est de mélanger tout cela. » « Non », tranche-t-elle, l'air de dire qu'il faut faire ce que l'on fait. Elle est du signe de la Vierge, avec un ascendant Balance. « Comme toi », dit-elle (pour l'ascendant), ajoutant : « Tu es souvent hésitant ? » « Oui, oui, mais j'essaie de faire en sorte que cela ne se voit pas trop ! » Elle évoque Milena Jesenska, la « fiancée » de Kafka et ce qu'elle dit de la jeunesse (je croyais que c'était une idée de ma sœur). Que la jeunesse se diluait au fur et à mesure qu'on choisissait, qu'on prenait des voies, que l'univers se rétrécissait, qu'une partie des potentialités se perdait.

On a parlé aussi de Rafaël et de son aventure ratée avec la jeune fille anglaise. « C'est normal, dit-elle, elle a la grâce, la gentillesse, l'intelligence, mais ça ne peut pas marcher. » « Pourquoi ? » m'étonnai-je. « Oh, à cause de la religion, bien sûr, elle n'est pas suffisamment pratiquante pour lui, mais pas seulement. Elle est trop carrée, trop rationnelle, trop sage. Elle ne peut pas être attirée par un parcours comme celui de Rafaël. »

Elle m'a complimenté sur mon studio qu'elle a trouvé charmant, a fait plusieurs fois le tour de la pièce, regardé les livres, commenté mes photos de famille. Était-ce quand elle s'est rassise que ses joues ont commencé à rosir ? Elle a eu chaud, a retiré sa veste. J'ai ouvert le second vasistas, au-dessus du fauteuil.

Elle a parlé encore de Virgina Woolf, a dit qu'elle avait lu le livre il y a longtemps, qu'elle ne se souvenait plus tout à fait du sujet, mais qu'elle aimait beaucoup le titre. Et puis elle a subitement pris congé. Voilà. Je crois que nous sommes amis. La bulle qu'il y avait entre nous est toujours là. Simplement, elle a pris une autre consistance, elle n'est plus de la même matière.

Samedi 5 novembre
Le romantique et le spirituel

Rafaël est de nouveau amoureux. Elle est Autrichienne. Il ne parle pas allemand, ni yiddish, elle ne parle pas français, et ils se sont rencontrés à Anvers, au mariage du fils de Kaçmann. Ils se tiennent par la main et se font des confidences chacun dans sa langue. Elle est la fille d'un rabbin de Vienne. Elle a des joues rouges et adore rigoler.

Rafaël est heureux, en paix avec lui-même. Je ne l'ai jamais vu aussi bien.

« Tu vois, me dit-il, à un certain moment, j'ai compris que si je veux servir Dieu, je ne peux pas rester célibataire. Parce que l'accouplement dans le judaïsme, ce n'est pas seulement quelque chose de romantique, c'est de l'ordre du spirituel. Dans le judaïsme, rien n'est totalement abstrait, rien ne tient sans passer par le quotidien. Quand on a compris cela, quand on en a pris conscience, il n'est pas besoin de rendez-vous, de présentations… Il y a là-haut quelqu'un qui veille et qui fait tout le travail. »

Samedi 12 novembre
Une bulle dans la bulle

Au moment de la Haftara – la lecture des Prophètes qui suit celle du Pentateuque à l'office du matin –, Edmond a réuni autour de lui un groupe de jeunes pour une prière impromptue. Il le fait souvent depuis des années. C'est une espèce de bulle qui se forme dans un coin de la synagogue et qui rassemble tous les retardataires. Personne n'y voyait d'inconvénient jusque-là. Et puis soudain, des fidèles ont entrepris Edmond très durement. « Mais enfin, vous détournez tous ces jeunes de la lecture des Prophètes. » Edmond tente de se justifier. « La Haftara a été instituée à une époque où on interdisait aux juifs de lire la Bible, ce n'est pas obligatoire. » « Pas seulement, réplique un des administrateurs de la synagogue, elle a été instaurée aussi parce que les gens délaissaient les Prophètes. » Une autre voix, celle d'un jeune homme : « Mais la prière elle-même a été instaurée pour remplacer les sacrifices. »

Une grosse discussion s'en est suivie. Un monsieur bien mis admoneste sévèrement Edmond qui a l'air gêné, comme pris en faute. « Mais ce sont des jeunes qui arrivent en retard, il faut bien qu'ils prient. » Le monsieur élégant : « Il faut qu'ils arrivent à l'heure. » « Peut-être alors ne viendraient-ils pas du tout ? » tente faiblement Edmond.

Le groupe sort dans le couloir, à l'extérieur de la synagogue. La bulle a été écartée. J'observe Edmond. La bulle, c'est son élément. Mais à l'intérieur d'une bulle, il a besoin d'une autre bulle…

Je ne l'ai jamais vu assis sur une chaise pour suivre le cours. Il rentre, il sort, il traîne le pas. Il veut qu'on sache qu'il est là, mais il s'éclipse très vite, dès que la leçon commence. Je le soupçonne d'être indifférent à ces variations philosophiques. Je me retiens de lui dire que s'il était plus attentif, il aurait l'impression d'assister à une « fugue » comme il les aime.

Samedi 19 novembre
Le dernier métro

Comment est-ce arrivé ? Bizarrement, ou plutôt simplement. En fait, c'était bizarre et simple à la fois. La jeune fille aux yeux très bleus et au joli cou élancé, celle du métro Michel-Ange que j'ai revue par la suite dans l'épicerie russe de la rue Michel-Ange, est venue chez moi pour m'emprunter des livres. Je lui ai proposé de partager mon dîner. Nous avons fait des hamburgers avec des œufs par-dessus et nous avons bavardé jusque tard dans la nuit.

Elle est allée prendre le métro, ses bouquins sous le bras. Au bout d'un moment, alors que je m'apprêtais à me coucher, j'ai entendu sonner à l'interphone. C'est elle qui revenait. Elle était rouge de confusion. Elle avait raté le dernier métro, ne trouvait pas de taxi à la station Mirabeau, ni à celle de la Maison de la radio. Elle ne savait plus quoi faire, pouvais-je en appeler un de chez moi ?

J'ai essayé à plusieurs reprises sans parvenir à trouver un taxi libre. Je me suis enhardi et lui ai proposé de rester dormir, que je coucherais par terre et que je lui laisserais le lit. Elle s'est mise à nouveau à rougir, et moi aussi.

Samedi 26 novembre

« Le métier d'homme, dit le professeur, sa perfection est au bord de l'abîme. » Et puis il ajoute : « Nous sommes tous des collectionneurs athées. »

Samedi 3 décembre

« La sainteté est meilleure que l'égalité, dit le professeur, c'est cela que j'essaie de montrer dans mes petits écrits. »

Samedi 10 décembre

Edmond à la sortie du cours du professeur. Nous avons parlé à nouveau musique. Et il a eu ce mot : « Le temps ne respecte que ce qui a été fait avec son aide. »

Samedi 17 décembre

Je note chez Proust l'idée que la littérature est plus intelligente que la vie. Dans sa correspondance, Proust évoque Oscar Wilde disant que le plus grand chagrin qu'il avait eu, c'était la mort de Lucien de Rubempré dans Balzac.

Samedi 24 décembre

J'ai relevé cette phrase de Jabès dans un journal : « Ce qui ne se laisse pas saisir est éternel. »

Samedi 31 décembre
Pas un chien n'aboiera

« Pas un chien n'aboiera. » Il était question, dans la péricope de cette semaine, d'un passage de l'Exode qui raconte la sortie d'Égypte et la dernière des dix plaies avant la libération. « Quant aux enfants d'Israël, dit le texte, pas un chien n'aboiera contre eux ni contre leur bétail » (Exode 11, 7).

Beaucoup des habitués gardent en tête le souvenir du chien Bobby dans ce stalag de Fallingbostel, près de Hanovre, où le philosophe avait été détenu pendant la guerre. Bobby, un chien qui appartenait à un officier nazi, était le seul être, humain pour le coup, qui faisait la fête aux détenus quand ils rentraient de la forêt où ils avaient passé la journée à couper du bois. Le chien jappait, sautait en l'air et multipliait les cabrioles. Le philosophe le sacre digne descendant de ses ancêtres des temps bibliques qui n'ont pas pipé mot et se sont efforcés à rester muets pour ne pas éveiller les soupçons et laisser les enfants d'Israël quitter nuitamment la terre de Goshen.

Samedi 7 janvier
Le désir de l'autre

Rafaël me dit qu'il est au courant pour Rachel et pour moi, qu'il pense que nous sommes faits l'un pour l'autre. Je n'ose pas dire que cela s'est produit incidemment, sans que nous nous rendions compte l'un et l'autre de ce qui nous arrivait.

Au fond de moi, quand j'y pense, je me demande si ce n'est pas son attrait pour elle qui a fait naître en moi un désir inconscient dont je me rends compte seulement maintenant.

En flânant ce matin dans mon quartier, je suis tombé sur un bout de rue en équerre coincé entre la rue La Fontaine et la rue Gros. Rue en impasse coquette et attachante, en dépit des immeubles imposants que nous a légués Hector Guimard.

J'adore les rues de mon quartier, elles portent toutes un nom évocateur. On a l'impression de feuilleter le *Lagarde et Michard*. Mais d'où vient cette mystérieuse rue Agar qu'une plaque sur les murs présente comme une artiste française qui a vécu à Auteuil de 1870 à 1880 ?

J'ai appris incidemment qu'elle fut tragédienne et chanteuse, qu'elle était dotée d'un timbre de voix qui lui était propre, légèrement voilé, qu'elle commença sa carrière au théâtre Beaumarchais et connut ses premiers succès avec le *Phèdre* de Racine et *Cinna* de Corneille.

Son vrai nom était Marie-Léonide Charvin, et c'est son professeur d'art dramatique qui l'incita à changer de nom pour choisir celui de Mademoiselle puis Madame Agar. Il fit valoir à celle qu'il avait prise sous son aile qu'après les succès de Rachel et de Sarah Bernhardt, toutes les comédiennes devraient prendre un nom biblique. Elle se laissa convaincre, et c'est sous ce nom qu'elle fit une brillante et malheureusement brève carrière.

Samedi 14 janvier
Trois modes d'appréhension de l'art

La péricope de Ki Tissa (Exode 31). Le professeur a choisi le milieu du texte, l'épisode de la construction du sanctuaire par Betzalel.

« Et Dieu parla à Moïse en ces termes. » « Lémor » peut se traduire, comme le fait l'élève, suivant en cela la traduction classique du rabbinat français, par « en ces termes », mais ce n'est qu'une des possibilités du mot. Littéralement, il signifie « pour dire ». Ah, ce « Lémor » ! Du temps où il était en pleine capacité, le philosophe pouvait aligner cinq ou six interprétations de ce verset – probablement le plus fréquent dans la Bible – qu'il tenait de son propre maître. L'une d'entre elles, qui m'est restée était : « Dieu parla à Moïse pour qu'il répète. »

L'élève lit la suite : « Vois, j'ai désigné nommément Betzalel, fils d'Ouri, fils de Hour, de la tribu de Juda, et je l'ai rempli d'une inspiration divine, de sagesse, d'intelligence, de connaissance... »

Rachi explique chacune de ces expressions. La sagesse : « Ce qu'un homme entend des autres et apprend. » L'intelligence : « Ce qu'un homme comprend de lui-même à partir des choses qu'il a apprises. » La connaissance : « L'esprit saint. »

Il y a là, commente le professeur, trois modes d'appréhension qui doivent être conjugués. La pure sensibilité ou l'inspiration seule ne peuvent pas s'exercer sans être mises en œuvre par l'intelligence. L'intelligence elle-même ne peut pas se déployer si elle ne va pas de pair avec un apprentissage. C'est l'harmonie entre les trois qui excite l'émotion et force l'admiration. La véritable œuvre d'art doit puiser dans ces trois composantes.

Irions-nous jusqu'aux versets qui évoquent la brisure des Tables de la Loi ? Quand il abordait ce passage, dans les années précédentes, il ne manquait jamais de souligner que les bris des premières Tables étaient pieusement conservés aux côtés des secondes dans l'enceinte du Tabernacle. Je trouvais belle cette image d'un sanctuaire transportant des pierres entières et des morceaux épars.

Rafaël, à qui je rapporte ce souvenir des cours passés, me dit que cela ne l'étonne pas que le professeur soit attaché à cette idée. Au fond, me dit-il, il a toujours senti que c'était un philosophe de la fêlure, du froissement, de la faiblesse. Je n'avais jamais vu les choses sous cet angle.

Il m'a dit aussi qu'il s'apercevait qu'il était reconnaissant à ses parents. Il n'aurait jamais découvert une nouvelle source s'il n'avait pas traversé la première. J'avoue que j'avais du mal à saisir ce qu'il voulait dire.

« La croyance commence par l'athéisme. » C'était une idée chère au philosophe. Et Rafaël avait le sentiment que ce qu'il avait vécu jusque-là avait tracé la route de ce qui allait venir.

Je l'écoutais parler et, confusément, je redoutais au fond de moi que cette route dont il parlait et dans laquelle il était engagé ne soit un peu trop balisée. J'avais déjà observé, lorsqu'il nous arrivait d'être assis côte à côte au cours du samedi matin, que nous ne vibrions pas aux mêmes accords ni aux mêmes versets.

Samedi 21 janvier
Joe pense à toi

J'ai vu Barbara cette semaine. Il y avait si longtemps ! Je lui ai dit que tout était bien. Je lui ai dit que j'étais passé par différents moments, mais que maintenant, j'étais simplement heureux qu'elle ait traversé ma vie, heureux de l'avoir connue.

J'appréhendais cette rencontre. Mais finalement, tout était simple. Nous avons bavardé comme deux bons et vrais amis. Jusqu'au moment où nous avons évoqué nos premières rencontres et où j'ai parlé de son voyage dans le Midi. « Oui, c'était il y a deux ans, j'étais chez mon amie Joe, tu te souviens de Joe ? » Je ne m'en souvenais plus. « Mais si, elle venait au cours, elle te connaissait bien en tout cas, elle. C'est chez ses parents que j'étais et c'est de là que je t'ai appelé... »

J'ai cessé d'écouter. Une pensée me traverse l'esprit et me bouleverse. Et si elle avait dit « Joe pense à toi » ?

Oui, je ne peux plus avoir de doutes, c'est exactement ce qu'elle a dit, et j'ai bâti des échafaudages sur un malentendu, une phrase que j'ai mal perçue, un mot compris de travers et qui m'a poursuivi pendant des mois. J'ai passé mon temps à triturer sans cesse dans ma tête ces quatre mots, à les tourner, à les retourner, à les commenter. Qu'a-t-elle voulu dire ? Comment les interpréter ? Quels sont les sons qu'il faudrait y attacher ? Je m'imaginais au cours du maître, pendant qu'il soufflait sur les mots du texte biblique, en train de faire pareil pour tenter de chercher un Rachi introuvable afin de m'éclairer sur la signification de ce qu'elle avait dit ou laissé entendre dans une conversation téléphonique qu'elle avait interrompue subitement sans même me laisser le temps de réagir…

J'ai raconté cela à Rachel et nous avons ri ensemble. De ma bêtise, de ma naïveté, de mon excès d'imagination qui m'avait joué ce jour-là un tour pendable dont je me souviendrai longtemps.

Pour l'anniversaire de notre rencontre, j'ai amené Rachel au cours du maître. Elle n'y était jamais allée et m'a suivi à contrecœur (elle aurait préféré un restaurant chinois). Mais je lui ai raconté ce que j'avais appris dans les cours du samedi, entre autres l'épisode du bris des Tables de la Loi. Je lui ai expliqué combien cet épisode me tenait à cœur. Combien je croyais très fort dans l'idée que les étapes d'une vie étaient nourries par les malentendus, que les rendez-vous manqués n'étaient souvent que les prolégomènes de vraies rencontres, qu'on passait son temps à réparer d'anciennes blessures pour paver de nouveaux chemins.

Samedi 28 janvier
Ailleurs, en d'autres temps

Dans mon enfance, il y avait des bulles qu'on s'amusait à former en puisant dans de l'eau savonneuse et en soufflant dans une paille. Nous guettions leur naissance. Selon la puissance du souffle, la bulle était plus ou moins légère, aérienne, de forme changeante. Elle s'élevait très haut, dansait au-dessus de nos têtes et disparaissait comme par enchantement.

Pourquoi ai-je pensé à ces bulles ce matin ? Je l'ignore. Je me suis simplement réveillé, j'ai regardé la soupente de ma chambre, j'ai repensé à ma vie, à Barbara, à Rafaël, à Rachel, au professeur, et j'ai eu la sensation que rien n'avait véritablement commencé pour moi.

Il y a des choses qui ne naissent pas, qui ne parviennent pas à être. Elles sont là, au bord, ou à la surface, elles cherchent à prendre pied, mais une force obscure les empêche d'advenir tout à fait. Ou alors elles passent, furtives, délicates, sur la pointe des pieds, et avant qu'on s'en aperçoive elles se sont fondues dans l'air, en laissant derrière elles les traces d'un parfum fugace. Elles sont en pointillé. Comme de fines gouttelettes que le vent fait frissonner au-dessus de la rosée. Des bulles. De simples bulles. Pures. Belles. Et fugitives. Comme cette petite collectivité que nous formions tous les samedis autour du maître. Et que nous chérissons d'autant plus que chacun ressentait confusément et depuis très longtemps qu'elle était en train de s'éteindre lentement.

Au fil des ans, le maître va cesser ses cours. Le petit clan que nous formions va se disloquer. Et la bulle s'évaporera comme elle était née. À moins qu'elle n'aille renaître ailleurs, autrement, dans un autre quartier, en un autre temps, avec d'autres figurants qui nous ressemblent.

Et si ces bulles ressemblaient à notre vie ? Si elles étaient le lot commun ? Et s'il n'y avait rien d'autre que ces moments de grâce brefs comme un clignement de paupière, et d'autant plus précieux qu'ils sont périssables ? Et si nous n'étions rien d'autre que des êtres toujours en attente ?

Samedi 5 février
Loazim

Ce sont les expressions en vieux français qui viennent émailler le commentaire de l'exégète champenois et l'agrémenter souvent. Dès qu'apparaît une de ces gloses, il se fait un silence dans la salle. Tout le monde guette celui ou celle qui va deviner le terme le plus approchant, le mot français qui s'apparente le plus à la tournure hébraïque.

Parfois, la racine hébraïque est d'un grand secours. D'autres fois, le terme est plus hermétique, et il faut dans ces cas-là faire preuve d'imagination. C'est rarement l'élève qui excelle dans l'exercice. Et c'est le plus souvent le maître qui tombe sur le mot juste, ou en tout cas le plus probable.

A-t-il dans sa bibliothèque personnelle des ouvrages spécialisés, des dictionnaires de vieux français, ou tout simplement des listes de Loazim avec leurs occurrences ? C'est possible, mais je ne le crois pas. D'abord parce qu'on le voit tâtonner, comme nous-mêmes, comme tous les fidèles du cours, à la recherche du chaînon manquant dans le commentaire, et puis soudain on perçoit l'éclair dans les yeux. Eurêka ! Une vieille langue surgit pardessus l'autre, et le public soupire.

Se mêle à ce geste de satisfaction le sentiment qu'on est en territoire connu. Rachi est un juif français comme nous tous, vigneron par-dessus le marché, et qui entreprend de mieux faire entendre l'hébreu en l'assortissant d'un vieux mot gaulois sentant bon le terroir.

Samedi 12 février
Le dire et le dit

« Et Dieu s'adressa à Moïse pour dire » (Exode 13, 1).

Cette expression – « s'adressa... pour dire » revient à de multiples occurrences dans la Bible. Plus de 70 fois sous cette forme.

Ce « Lémor » en particulier a suscité, on l'a vu, des commentaires à foison.

Le philosophe, qui ne citait que très rarement dans cette enceinte le nom de son maître (en le faisant suivre de qualificatifs qui variaient d'une fois à l'autre, sévère, dur, impitoyable), notait néanmoins que ce fameux « Lémor », dans sa bouche, pouvait provoquer mille et une explications. Il n'avait conservé en mémoire que deux d'entre elles.

L'une s'accrochait à ses propres concepts et suivait la ligne de partage entre le « dire » et le « dit ». Il faut commencer par s'adresser à quelqu'un – fût-ce à Dieu lui-même, ou à Moïse en l'occurrence, puisqu'on trouve la phrase proférée dans l'autre sens – « Et Dieu parla à Moïse pour dire » – avant d'énoncer une parole ou de faire une demande – « Allô, vous êtes là ? » –, il faut s'assurer que l'interlocuteur est la bonne personne, qu'elle est à l'écoute, avant d'entamer une conversation.

Deuxième explication, qui n'a rien à voir avec la première et dont l'auteur n'est autre que le mystérieux maître du maître : « Lémor » signifie « pour dire ». Non pas « pour ainsi dire », ni « pour tout dire », ni encore « histoire de dire », mais littéralement pour dire à son tour, littéralement pour transmettre, faire passer, perpétuer, faire tenir, propager, enseigner, faire connaître.

Samedi 19 février
Le cheval et sa monture

Les enfants d'Israël ont quitté l'Égypte et se dirigent vers la mer des Joncs. Le texte de la péricope indique qu'ils sont entrés au milieu de la mer à pied sec. Mais les Égyptiens ont entrepris de les poursuivre. « Car les chevaux de Pharaon, chars et cavaleries s'étant avancés dans la mer, l'Éternel en avait refoulé les eaux » (Exode 15, 19).

Rachi explique que le cheval et la monture étaient enserrés l'un dans l'autre, encastrés, de sorte qu'on ne pouvait pas les désemboîter. Le mouvement des eaux propulsait les deux très haut d'un côté, et les replongeait très bas en profondeur sans que le cavalier et son cheval ne se détachent à aucun moment.

Tant il est vrai, souligne le maître, que c'est tout un système qui se trouvait totalement mis à bas. Non pas démantibulé puisque le cavalier restait rivé à sa monture, mais basculé cul par-dessus tête. Un peuple se libérait de ses chaînes, observait la fin d'un monde mis par terre sous ses yeux. Des dominants perdaient leurs repères. Une tyrannie perdait de sa superbe et se retrouvait noyée sous les eaux.

Samedi 26 février
De l'amitié

Le maître cette semaine s'intéresse au passage des Prophètes qui suit la lecture de la péricope. Il est question de l'amitié et de ce verset d'Amos : « Deux hommes marchent-ils de concert s'ils ne se sont pas entendus d'avance » (Amos 3, 3). Deux êtres, se demande le prophète, peuvent-ils cheminer de conserve s'ils n'ont pas pris de rendez-vous ? S'ils ne sont pas convenus d'une rencontre ? S'ils n'ont pas prévu au préalable de se voir ? Une amitié, peut-elle naître et s'enrichir, se nourrir, se développer dans la pure abstraction, dans un éther impalpable, en dehors de tout dialogue ? Cela vaut pour l'amitié, explique le maître, mais on pourrait étendre cette idée au rituel, à la prière notamment. Est-il concevable qu'une prière se fasse dans une pure méditation intérieure, en dehors de toute attache, dans un murmure solitaire ?

Chroniques obliques

La Bible et la littérature

À quoi me sert ce journal maintenant ? Où ces bulles peuvent-elles renaître ? Dans quels espaces peuvent-elles éclore à nouveau ? En quels lieux ? Dans quels livres ? Dans quels temps ? Dans quels cénacles ?

Où pourrait-on retrouver ces coins d'une heureuse rencontre entre Bible et littérature ? Où pourrait-on les concilier, fêter leurs noces joyeuses, marier les samedis matin et les samedis après-midi d'Auteuil ? Et d'abord dans quelles œuvres du passé ou du présent trouverait-on la trace de ces subtils mélanges ?

Il n'y a pas que la littérature pour se soucier des morts et les faire vivre quand ils ne sont plus. Il n'y a pas que la littérature pour faire revivre des milliers de vies, leur donner des lecteurs et des lectrices.

Il y a aussi un livre qui continue d'exister au long des millénaires, de se transmettre d'un samedi l'autre, dans un rouleau de cuir déroulé sur une Teva ou sur un livre autour duquel est réuni un groupe de fidèles.

Le lent grappilleur

Erri de Luca et la Bible. Quand on met bout à bout ses romans publiés, quand on revisite l'ensemble de son œuvre, on s'aperçoit de la profonde cohérence de ce poète singulier.

Qu'il parle de son enfance, de son amour pour sa ville natale, de sa passion pour la montagne, de son attrait pour la Bible, le style est le même, clair, limpide, épuré. La touche est reconnaissable entre toutes. À ceux qui cherchent à percer le mystère de cette œuvre magistrale, l'auteur répond en citant cette phrase du Traité des pères : « Il ne t'appartient pas d'achever l'œuvre, mais tu n'es pas libre de t'y soustraire. »

Chacun de ses livres est un jalon, mais tous se rejoignent. Ce sont tous des romans écrits à la première personne, et le « je » qui raconte a beaucoup des traits du narrateur. Avec la quête du mot juste, l'observation laconique, la concision à l'extrême. Les envies d'écriture sont venues tard dans sa vie, à l'approche de la quarantaine, mais il y est tout entier et rien ne pourrait désormais l'en détourner. L'enfance à Naples, les vacances à Ischia, le départ à Rome, le volontariat en Bosnie, tout se mêle dans une œuvre où il a mis sa substance propre.

Depuis la disparition des cours, David, mon condisciple et compagnon du samedi, a pris l'habitude de me signaler chaque fois qu'Erri de Luca, son chouchou, passe quelque part dans une radio, son média préféré.

Qu'apprend-on de nouveau dans ces interviews ? Qu'il possède dans sa chambre des objets qui n'ont d'importance que pour lui, mais qu'il chérit. L'un est une frise de pierre ramassée dans les décombres de la bibliothèque de Sarajevo durant les années de siège. L'autre est un boulon à tête carrée ramassé sur le ballast du camp de Birkenau en Pologne.

On découvre qu'il a appris à gratter sur une guitare classique commandée par sa mère pour lui, quand il était encore adolescent (une photo l'atteste où, assis les jambes écartées, tirant sur ses cordes, moustaches blondes et sourire en coin, il ressemble comme deux gouttes d'eau à Georges Brassens, en plus fluet mais tout aussi frêle). Qu'il a deux passions dans sa vie, Naples et l'Ancien Testament. Il écrit sur la ville les jours impairs, et sur la Bible hébraïque les jours pairs. « Je suis à l'écart des deux, je n'écris d'ailleurs pas dans ma ville natale, pas dans ma foi. »

Il cueille dans son carnet de poésie un vers qu'il offre à sa compagne : « Que le vin retourne à la grappe, que le pain retourne au grain. Et nous deux à la première fois où nous avons prononcé chacun le nom de l'autre à voix basse. »

Comme un rituel, mais cela on le sait déjà, il se lève tôt tous les matins et tourne les pages d'un livre où il effleure les lettres carrées dont il dit qu'elles sont « son obstination et son intimité ».

Dans ces entretiens, on apprend toutes ces petites choses auxquelles il attache de la valeur. Économiser l'eau, réparer des chaussures, se taire à temps, accourir à un cri, demander la permission avant de s'asseoir, éprouver de la gratitude sans se souvenir de quoi... Et cent autres petites choses qu'il sait exprimer mieux que personne, comme l'usage du verbe aimer, et l'hypothèse qu'il existe un créateur.

Le créateur ? Erri de Luca le confesse, il ne fait pas partie du cercle des croyants. Il ne sait pas prier. Il ne sait pas pardonner. Il ne sait parler de Dieu qu'à la troisième personne (en écrivant « lui » en caractères minuscules, jugeant que celui qui ne croit pas n'a pas droit à la majuscule). Il sait seulement, comme il le dit, cueillir un bout de verset dans ses exercices matinaux, le mettre dans la bouche et le mastiquer tout au long de la journée comme un « noyau d'olive ».

J'aime presque tous les livres d'Erri de Luca. Je crois en avoir lu un certain nombre, et la parution en poche permet de relire. Mais j'ai un faible pour les premiers, et notamment le tout premier roman, *Ici et maintenant* avant *Noyau d'olive* où j'ai relevé, dans un chapitre intitulé « Grappillon », cette approche qui en même temps n'est qu'à lui, et en même temps est fille d'une tradition millénaire où il a mis ses pas. « Un reste de sagesse, écrit-il, est à portée de récolte pour celui qui parcourt attentivement le chemin que le vendangeur et les générations précédentes ont déjà parcouru. Même au dernier des lecteurs, il est donné d'ajouter une note au bout du commentaire infini. » Et il cite pour finir un livre appelé Siracide, un des livres – dit-il – de l'Ancien Testament. « Comme le vendangeur, moi aussi qui ne suis qu'un lent grappilleur, j'ai rempli ma cuve. »

Autre bulle ! Autre époque !

La douceur des plumes

Hugo et la Bible. On trouve dans le recueil des *Contemplations* un poème intitulé « Aux Feuillantines » où l'écrivain raconte sa découverte de la Bible. Les Feuillantines sont un couvent près du Val-de-Grâce où les enfants Hugo ont passé quelques séjours.

Les trois enfants, Abel étant l'aîné et Victor le plus petit, montaient souvent au grenier et avaient pris l'habitude de regarder, sur le haut d'une armoire « un livre inaccessible ». Il s'agissait d'une bible à la couverture noire, une « sainte bible » qui contenait – c'était inscrit sur la couverture – le Vieux et le Nouveau Testament.

> Ce vieux livre sentait une odeur d'encensoir,
> Nous allâmes ravis dans un coin nous asseoir
> Des estampes partout ! Quel bonheur ! Quel délire !
> Nous l'ouvrîmes alors tout grand sur nos genoux,
> Et dès le premier mot, il nous parut si doux,
> Qu'oubliant de jouer, nous nous mîmes à lire.

Il cite Joseph, Ruth, Booz, le bon Samaritain, dit que ses frères et lui relisaient aussitôt qu'ils avaient fini de lire.

Le mot de douceur revient – y compris dans ces vers de fin : « Tels des enfants s'ils ont pris un oiseau des cieux, s'appellent en riant et s'étonnent joyeux, de sentir dans leurs mains la douceur de ses plumes. »

La légende des siècles, série de poèmes qui s'étale « depuis Ève mère des hommes jusqu'à la révolution mère des peuples », voudrait raconter l'histoire du genre humain. Et « Booz endormi » est un des plus beaux poèmes de ce recueil, enraciné dans sa version biblique, très proche du livre de Ruth.

Quand il voit passer quelque pauvre glaneuse, Booz laisse tomber des épis comme le lui prescrit la tradition juive. Il dort, et le songe qu'il fait ressemble étrangement à celui de Jacob, avec son échelle grimpant dans le ciel. Pendant que le vieil homme sommeille, Ruth la Moabite se couche à ses pieds. « L'ombre était nuptiale, auguste et solennelle, les anges y volaient sans doute obscurément, car on voyait passer dans la nuit par moments, quelque chose de bleu qui paraissait une aile. » Cette aile qui revient et où on ne peut s'empêcher de voir la mise en écho de la création du monde, avec « le souffle de Dieu qui couve le monde comme un oiseau couve son nid ». Hugo a-t-il lu Rachi et son commentaire sur Dieu qui protège sa création comme un oiseau son nid ? Peut-être. Le poète continue de filer la métaphore en décrivant une nature douce recouvrant l'image du vieillard endormi avec une jeune fille couchée à ses pieds pendant qu'« une immense bonté tombait du firmament ».

La fin est somptueuse. On ne dit rien de ces deux êtres que le destin rapproche, sinon qu'un Dieu là-haut ou un moissonneur de l'été a jeté négligemment « cette faucille d'or dans le champ des étoiles ».

On a beaucoup glosé (Péguy notamment) sur le verset suivant : « Tout reposait dans Ur et dans Jerumadeth. » Les géographes et les amoureux de la Bible se sont creusé la tête pour deviner de quel passage le poète a tiré ce Jerimadeth qui ne ressemble à rien de connu. Invention poétique ? Nom créé de toutes pièces, comme un écho à une hypothétique ville de Judée ou de Galilée où est censée se dérouler l'histoire de Ruth la Moabite et de Booz l'endormi ?

Autre bulle encore ! Et quelle belle époque !

La grâce des formes

Le mystère demeure sur le fait de savoir s'il y a des passerelles d'un texte à l'autre. Si Homère, auteur présumé de l'*Iliade* et de l'*Odyssée*, a entendu parler d'Abraham, de Sarah, d'Isaac et de Rebecca, de Joseph, de Moïse, d'Aaron… Et si les scribes qui ont couché par écrit le texte de la Torah ont entendu parler d'Achille, d'Hector, d'Ulysse, d'Hélène, de Pénélope et d'Agamemnon. Après tout, c'est dans la communauté juive hellénisée d'Alexandrie que naîtra aux alentours du Ier siècle le mythe d'un Homère lecteur de la Bible. L'important au demeurant est que l'un et l'autre sont une part essentielle de l'imaginaire collectif contemporain, ils imprègnent l'époque même quand on ne les a pas lus. Ils sont constitutifs de l'Europe, de l'esprit européen, de la civilisation européenne. Les univers ne sont pas les mêmes, certes. Et les mythologies renvoient à des perceptions très différentes. Ulysse est taraudé sans cesse par une obsession, retourner à Ithaque, rentrer chez lui, retrouver son foyer, alors qu'Abraham quitte Ur en Chaldée sans le moindre désir d'y revenir, sinon sous la forme d'un retour à soi. La mer n'est pas amicale pour l'homme dans l'*Odyssée*. Elle est son angoisse et sa perte. Dans la Bible, il lui arrive de s'ouvrir aux hommes, de se fendre en deux pour permettre leur passage par miracle, ou de protéger les Justes parmi eux – dans l'exemple de Noé – contre le courroux fatal…

Chateaubriand s'est intéressé dans *Le génie du christianisme* autant que dans *L'itinéraire de Paris à Jérusalem* à ces parallèles entre les deux univers, entre les deux langues, entre les thématiques propres à l'un et l'autre. Il a sur ce double plan, des intuitions pénétrantes sur les images, les sentiments, les idées, les représentations. Et on trouve dans ces pages, à l'évidence, une connaissance intime des deux univers, une familiarité aussi avec les scènes, les récits, les personnages, les commentaires. Il faut relire ces pages pour percevoir la proximité et la distance. « Remarquez que l'hôte inconnu est un étranger chez Homère, et un voyageur dans la Bible. Quelles différentes vues de l'humanité ! Le grec ne porte qu'une idée politique et locale, où l'hébreu attache un sentiment moral et universel. »

Hommage d'abord aux Dix commandements « que l'Éternel a gravés, non seulement sur la pierre du Sinaï, mais encore dans le cœur de l'homme ».

Il est frappé par le caractère d'universalité qui distingue cette Table divine des tables humaines qui la précèdent. S'étonne de la simplicité du texte, du choix des mots, de leur admirable justesse.

« Dieu fait un précepte de l'amour filial, il n'en fait pas un de l'amour paternel. Il savait que le fils, en qui viennent se réunir les souvenirs et les espérances du père, ne serait souvent que trop aimé de ce dernier, mais au fils il commande d'aimer, car il connaissait l'inconstance et l'orgueil de la jeunesse. » Poète, il vante « la majesté et la grâce des formes ».

Au lendemain du siècle des Lumières et du souffle de la révolution, Chateaubriand entreprend de faire l'éloge de la religion chrétienne dans son *Génie du christianisme*. Mais ce génie, il veut l'inscrire dans le peuple qui l'a vu naître et dans la tradition dont il se réclame.

Autre époque ! Autre bulle.

Ainsi semblables, ainsi différents

Ô mère ensevelie hors du premier jardin
Vous n'avez plus connu ce climat de la grâce
Et la vasque et la source et la haute terrasse
Et le premier soleil sur le premier matin.

Ce sont les premières lignes du long poème dédié par Péguy à Ève. On trouvera dans ce poème tout le long l'idée de « double articulation » à laquelle l'écrivain tenait par dessus tout. L'idée que loin de s'annuler ou de diminuer d'importance, la création se fonde sur un premier soubassement auquel vient s'adjoindre un second. Il ne pourrait pas y avoir de Deuxième testament s'il n'y en avait pas eu de Premier. L'idée que l'Ancien et le Nouveau se sont coulés dans le même monde, l'un pour témoigner dans la communion et l'autre dans la dispersion.

De Moïse, Péguy dira que « le bégaiement est la plus grande marque de la sincérité ».

Il y a encore l'image, si bien exprimée, de deux philosophes, deux complices, qui descendent dans la rue côte à côte : « Ainsi semblables, ainsi différents, ainsi ennemis, mais ainsi amis, ainsi étrangers, ainsi enchevêtrés, ainsi alliés et ainsi fidèles, ainsi contraires et ainsi conjoints ». Ce qu'il aime dans la Bible ? « Le sublime, le sacré, la vibration, le tremblement. »

Ainsi des bulles ! D'une époque l'autre !

Écrire comme la Bible

Il a les yeux d'un bleu très clair. De la joie dans le regard. Et une bonne humeur contagieuse. Il a mis une chemise bleu ciel, un costume beige, une cravate en tricot. Et il se promène dans les locaux de la radio, à l'aise, heureux d'enchaîner les émissions, de se laisser disputer les faveurs par les journalistes et de se prêter à l'interrogation.

Le style est celui qu'on lui connaît : mélange d'humour, de finesse, de gourmandise. De quelque sujet qu'il parle, il parle toujours de l'essentiel.

Après la mort de Lévi-Strauss, il a été le doyen de l'Académie française.

À ce titre, il a tenu à soutenir la candidature d'Alain Finkielkraut et n'est pas mécontent de ce mauvais tour joué à ses confrères. Après tout, on n'a jamais autant parlé de l'Académie que depuis qu'il a décidé d'y faire entrer l'intellectuel le plus médiatique et le plus « clivant » du pays.

Il dit « magnifique » à tout bout de champ, un peu comme son camarade Jean Dutourd disait « épatant ». Il est agréable, il est tonique, il est léger sans être jamais superficiel. Il a ce qu'on appelait autrefois de l'esprit.

De l'esprit ? L'expression semble avoir été inventée pour lui. Elle signifie qu'on a de la répartie, qu'on a la faculté d'activer ses neurones sans non plus se prendre trop au sérieux. Elle signifie aussi qu'on n'est pas économe de sa conversation et qu'on la répand volontiers autour de soi. Elle signifie enfin qu'on est capable de finesse sans jamais être grave, qu'on sait être joyeux, enjoué, drôle sans jamais se prendre la tête. Autant de traits qui caractérisent notre écrivain national. À près de 90 ans, l'esprit est vif, en alerte. En quête toujours du bon mot et de la pirouette.

La vie passe sur lui sans l'atteindre. Il a l'air protégé de tout. A-t-il eu des malheurs ? Il n'y paraît pas, juste une hospitalisation qu'il a mise à profit pour réviser les poésies de son enfance, qu'il déclame dans ce studio avec une précision impeccable.

Et pourtant, cet hédoniste gourmand – il vient de tourner un film ou il a « fait » pour la première fois l'acteur, *Les saveurs du palais* – a choisi dans la liste des couples bibliques qu'on lui a suggérés un couple qui n'y figurait pas : Job et son fumier.

Familier de la Bible, il fait partie des rares écrivains français à en connaître les textes et à y faire référence. Ses préférences vont au Cantique des Cantiques, à l'Ecclésiaste, aux Proverbes. Ce personnage de Job, pas étonnant qu'il s'en soit entiché. Pensez, un homme comblé, que la vie a choyé, qui a tous les dons et toutes les vertus, béni de Dieu et aimé des hommes, et qui se trouve tout d'un coup jeté à terre, dépouillé, appauvri. Réduit au fumier sur lequel il est assis.

Un couple, Job et son fumier ? Le choix est pour le moins inattendu. Mais Jean d'Ormesson ne fait rien comme tout le monde. Il est content d'accoupler ces deux-là et sourit comme s'il vous avait fait une bonne farce.

Son dernier livre, *Comme un chant d'espérance* (Héloïse d'Ormesson) est un roman sur Dieu, sur le monde, sur les origines. Il cite souvent la Bible. « Un peuple, en particulier, s'était construit autour d'un livre sacré qui devait jouer un rôle considérable dans la brève histoire des hommes. C'était un petit peuple venu de Mésopotamie sous la conduite d'Abraham et installé en Méditerranée orientale : les Hébreux. Le texte qui ouvrait leur Torah s'appelait la Genèse. »

Jean d'Ormesson est un lecteur de la Bible. Ce dernier livre, je crois qu'il a surgi de la rencontre entre deux formules. La première est celle de Flaubert dans sa correspondance. Il y a beaucoup de très beaux livres de Flaubert, et le plus beau à ses yeux, c'est la correspondance. Dans une lettre à Corine Collet, Flaubert dit : « Je voudrais écrire un roman sur rien. » Et cela a beaucoup touché notre romancier. Un beau jour, il s'est dit : mais le rien où est-il ? Où y a-t-il du rien ? Mais il y a du rien au début de la Genèse !

On demande quelquefois aux écrivains ce qu'ils emporteraient sur une île déserte. D'Ormesson emporterait la Bible sûrement. Peut-être y adjoindrait-il l'*Iliade* et l'*Odyssée*. Et l'histoire de Job reste à ses yeux « magnifique ».

Job est tout à fait aimé par Dieu. Il a beaucoup de chance. Il a une bonne situation. Il a une famille, pas mal de moutons et de brebis, un peu de vigne. Tout cela marche assez bien. Et puis, survient la catastrophe. Et quelle catastrophe ! Il perd tout. Alors, bien entendu, l'argent n'est pas la fin de tout. Il y avait une formule quand notre homme était jeune. On disait : l'argent ne fait pas le bonheur des riches, mais il fait le bonheur des pauvres. Et Job devient pauvre. Il perd tout ce qu'il a, devient malade, s'interroge et n'est pas loin d'avoir de mauvais sentiments pour ce Dieu qui l'a abandonné. Mais enfin, il sait que la santé ne présage rien de bon. La santé, c'est l'annonce d'une maladie. La fortune, c'est l'annonce de l'infortune. Dans une autre culture, une culture tout à fait différente, la culture hindoue, il y a une roue, c'est la roue de l'univers qui tourne. Eh bien, Job sait que cette roue tourne, que quand vous êtes heureux, vous allez être malheureux. Et peut-être que quand vous êtes malheureux, vous pourriez être heureux. Et il continue à croire. Croire, c'est dur quand on est sur son fumier, mais il a autre chose, il espère. Il se rappelle les jours de sa richesse, de son bonheur, de sa fortune. Et il prononce presque les mots que dira plus tard Michel-Ange : « Dieu a donné une sœur au souvenir et il l'a appelé espérance. » Il espère et Dieu le rétablit. Et le fumier, la maladie, la tristesse, la pauvreté ne seront plus qu'un souvenir. Et Job finira par être très heureux au milieu des siens.

« Il y avait, dans ce pays d'Outz, un homme du nom de Job. Cet homme était intègre et droit, craignant Dieu et évitant le mal ». Il représente la droiture, la pure foi en Dieu, l'intégrité. C'est le Job du début du texte. Ce n'est pas le même que celui qui est assis sur son fumier ?

Non, bien sûr. Aux yeux du romancier, il n'y a peut-être pas de personnalité, pas de circonstances, pas d'opinions. Il y a des situations. Job, au début, est dans une situation comblée, et il va perdre tous ses repères. Il va devenir un autre. Il va devenir un pauvre, un malheureux et un malade. On a des monologues entrecroisés. Les amis s'adressent à Job. Il répond aux amis. Job interpelle Dieu. Dieu s'explique devant Job. Et tous ces discours ne donnent pas le fin mot. Quel est le fin mot de cette histoire ?

Pour d'Ormesson, il n'y a pas de fin mot parce qu'il n'y a pas d'explication au mal. Le mal, avec Dieu ou sans Dieu, est très difficile à percer. Ce qu'il y a dans l'histoire de Job, c'est d'abord un style. Les quelques mots du début sont un modèle pour les écrivains. La Bible est vraiment une source d'inspiration pour les écrivains. Ce n'est jamais pompeux, jamais lourd. Ce sont toujours des phrases assez simples, avec un sujet, un verbe et un complément, sans toute une part de finesse et de fausse élégance que donne quelquefois la littérature. Il faut écrire comme la Bible.

Est-ce une inspiration dans l'écriture ? Certainement, affirme notre romancier, qui n'hésite pas à dire, quand on lui demande ce qui a le plus compté dans sa vie : la Bible a beaucoup compté. Bien entendu, Chateaubriand a compté, Spinoza a compté. Mais la Bible, tout y est !

Une époque avec des bulles !

La Bible en creux

Était-ce dû à la présence constante, parmi les fidèles du cours, de la fille Canetti, grande prêtresse et servante du culte voué à Georges Brassens ? Peut-être un peu. Auteuil n'était pas très loin du parc et nous étions nombreux à prendre le bus 62 pour aller visiter l'impasse Frémont, numéro 7, où une plaque sur les murs évoquait le poète, le musicien, le chanteur qui vécut dans cette maison de 1944 à 1960, où il composa ses premières chansons. Quand on arrivait au 75 rue Brancion, en face du square, on se heurtait à une porte sans loquet. On frappait sur la vitre et la porte s'ouvrait devant nous. Le dernier des bougnats parisiens faisait la fête à tous les amis de la bande, arborant fièrement l'enseigne « Chez Walczak », comme Jean Walczak qui fut l'adversaire favori de Marcel Cerdan. Les photographies de Brassens trônaient sur tous les murs. Avec Belmondo, Piaf, Ventura, et la bande des copains.

Il était né à Sète, d'une mère religieuse, catholique pratiquante et pleine de dévotion, et d'un père entrepreneur de maçonnerie, athée militant et libre-penseur joyeux. Tous deux lui ont inculqué, très jeune, le goût de la musique et de la poésie. Villon, Verlaine, Baudelaire, Hugo. Il est devenu lui-même musicien et poète, a transformé la chanson française, l'a fait sortir de la variété niaise pour la faire entrer dans la littérature.

Il aurait sauté en l'air si on lui avait dit qu'il se retrouverait un jour dans un journal intime, coincé entre Chateaubriand et Jean d'Ormesson, lui, le mécréant, le pornographe du phonographe, le polisson de la chanson. Et pourtant… Il fallait bien admettre que ce troubadour anarchiste et paillard était un lecteur de la Bible. Que ce pourfendeur des bigots, des bourgeois et des curés a chanté le pardon, le partage, l'hospitalité, la miséricorde, mieux que personne. Qu'une belle humanité se dégageait dans toutes les chansons de tout son répertoire, dans son petit cheval blanc marchant au vent mauvais, dans les sabots crottés de la pauvre Hélène et dans son jupon mité, dans la « petite bonté » de son Auvergnat, dans l'« auberge du bon Dieu » de sa Jeanne, dans ses filles de joie, ses gorilles, ses nonnes, ses monte-en-l'air, ses voyous… Dieu apparaissait dans quasiment tous ses textes. C'est un des personnages centraux de ses poèmes. Il était le « bon Dieu », parfois le père fouettard, parfois figurant comme un vieil oncle sévère, vaguement protecteur et doté d'un bon sens de l'humour. Gouailleur, impertinent, anti-conformiste, Brassens avait toujours refusé de se laisser enrôler par toutes les chapelles, il n'avait jamais fait dans l'onction ou dans le bénitier, mais quand on grattait un peu, on y trouvait un éloge de la foi du charbonnier, loin des dogmes et des fanatismes, qui nous le rendait si précieux.

Sans être un spécialiste, du plus loin que je me souvienne, Brassens a toujours été présent dans mes oreilles. J'ai toujours fredonné ses textes. Je garde le souvenir des dimanches, quand nous roulions en voiture vers la Corniche, à Casablanca, en direction des plages – le « Kontiki », le « Lido », l'« Accapulco » – en chantonnant tout le répertoire de Brassens. Aujourd'hui encore, l'été, sur les routes de France, j'aime à mêler ma voix à celle de mes proches et la langue si belle, vivante, juteuse du poète à moustaches ne cesse de nous ravir. J'ai appris aujourd'hui à apprécier les paysages de France, l'entrée des villages, leurs noms, leur histoire, mais c'est dans la langue de ce poète, son calme, sa justesse, son élégance, sa gouaille, que je me sens le mieux. J'ai appris de lui « sinécure », et puis aussi « vergogne », le goût du mistral et de la tramontane, les charmes surannés du vieux français. J'ai appris qu'on pouvait vouvoyer en argot.

Dans les anniversaires rituels qui donnent lieu régulièrement à une floraison de livres (Bertrand Dicale avec un *Brassens* en forme de point d'interrogation et des chapitres très éclairants sur les rapports du poète à la morale et à la religion), chacun défend son Brassens. Le mien – celui de mon enfance et celui d'aujourd'hui – ne diffère pas des autres. C'est le mélange unique de douceur et d'anarchisme, de légèreté et de gravité, de jolie fleur et de peau de vache, d'élégance de style et de faconde un peu rustre. Il y a à la fois en lui du croyant et du mécréant, du tendre et du grivois, du moqueur et du moraliste. Le refus de la banalité, le rejet de la bigoterie, l'humour narquois, et par-dessus tout, une joie de vivre, d'aimer, de croire.

Quel meilleur antidote contre les hypocrisies et les fanatismes ? Quel meilleur usage du sacré ? Je ne préconise pas pour autant de « récupérer » notre gloire nationale (il fut un temps, pas si lointain où il était de bon ton de moquer ses « ponponponpon » et quand il reçut le prix de poésie de l'Académie française, un journaliste railla : « Et pourquoi pas Fernandel ? »). Je ne propose pas non plus de mettre du Brassens dans nos églises, nos synagogues et nos mosquées, même si après tout, cela ferait du bien à nos clergés de tous ordres d'en écouter un peu.

Mais Dicale a raison : « La France n'en a pas toujours conscience, mais il la résume, la condense et même, aujourd'hui, la façonne. »

Les premières fois

C'est un des écrivains israéliens les plus aimés dans son pays, largement traduit en France, très ami d'Erri de Luca, et qui s'est beaucoup intéressé à la Bible.

Son premier livre sur le sujet portait le titre *Ma Bible est une autre Bible*. Le second, situé dans le prolongement du premier, visait à retrouver tous les commencements. Le premier amour, la première mort, le premier rire… Et ces commencements, sous la plume de Méir Shalev, sont surprenants. Ils constituent ensemble une jolie traversée qui consiste à revisiter tout le corpus en isolant toutes les premières fois.

L'approche de Shalev n'est pas religieuse, ni philosophique, ni même littéraire. Le regard est celui d'un homme qui s'attache et s'amuse parfois à débrouiller les liens familiaux dans le corpus, en y cherchant le plus de vraisemblance, les grandes scènes qui ponctuent le récit.

Et puis, ce qui distingue l'approche de Shalev, c'est qu'elle se proclame laïque. Le divin est congédié, l'inspiration est bannie, ou plus exactement l'auteur maintient la séparation très stricte entre Dieu, qui n'est qu'un personnage comme un autre du livre, et l'auteur de la Bible qui est celui qui a bâti les dialogues et tire les ficelles.

Le premier amour ? Aussi étrange que cela puisse paraître, il ne s'agit pas de l'amour d'un homme pour une femme. Celui-ci ne viendra qu'en second, quand Isaac rencontrera Rebecca (« Vayeehaveha », et il l'aima, dit le texte, dans un futur antérieur plein de grâce). Mais la première occurrence a trait à l'amour d'un homme pour son fils. Les circonstances du rappel de cet amour ne sont pas anodines. C'est Dieu qui somme le patriarche Abraham de prendre son fils, « ton fils unique, que tu aimes » et de l'offrir en sacrifice.

C'est ainsi que commence le récit du premier amour dans la Bible. Abraham se lève tôt, enfourche son âne, prend ses deux serviteurs et son fils Isaac et se rend sur le mont Moriah. Aucun des quatre présents, hormis Abraham, ne connaît l'objectif de cette marche. Le père aimant et le fils aimé n'échangent aucun mot. Au troisième jour de marche, le patriarche demande aux deux visiteurs d'attendre au pied du mont en compagnie de l'âne, « leur » retour. Ce « leur » est un pluriel, ce qui voudrait dire que le patriarche manifeste l'intention de revenir avec son fils.

Père et fils sont maintenant seuls, face à face, et le fils s'enhardit à poser la question : « Père, voici le feu et le bois, et où est l'agneau ? » À quoi le père répond : « Dieu nous montrera l'agneau, mon fils. » L'auteur a du mal à comprendre le sens de cette phrase et fait mine de s'interroger sur la ponctuation qu'il convient de mettre entre « l'agneau » et « mon fils ». Une virgule, ou deux points. Faut-il lire « Dieu nous montrera l'agneau, mon fils », ou bien « Dieu nous montrera l'agneau : mon fils » ? Dans ces trois jours de marche, semés de malentendus, de demi-mots, de demi-silences, tout se passe comme si les deux protagonistes – père et fils – jouaient une pièce de théâtre où personne n'était dupe et où tout le monde connaissait la fin de l'histoire.

Le premier rêve ? Là encore, on pouvait se porter spontanément sur l'échelle de Jacob où couraient des anges qui grimpaient au ciel et redescendaient sur terre. Ou encore on pouvait aller chercher du côté de Joseph qui rêvait abondamment et s'occupait de l'interprétation des rêves de son entourage. Mais c'est un autre personnage qui nous requiert, Abimelekh roi de Garar, porteur du premier rêve dans la Bible, dont l'objet n'est autre que Sarah, épouse d'Abraham, et qualifiée de « jolie femme ». Le roi philistin est pris à partie dans son songe par Dieu lui-même qui l'admoneste pour avoir détourné une « femme mariée » épouse au surplus du patriarche Abraham. Tout est bien qui finit bien et tout rentre dans l'ordre. Au lendemain de son rêve, Abimelekh se défend des accusations portées contre lui. Abraham lui-même lui a dit que Sarah était sa sœur, et Sarah elle aussi a confirmé les dires de son mari. C'est donc en toute innocence qu'il s'en est approché. Le songe, en cette circonstance, n'était pas pour lui l'expression d'un désir mais au contraire la découverte d'un interdit. Le roi de Garar a rendu Sarah à son mari légitime. Rien d'irréparable n'aura été commis, précise notre auteur, qui insiste sur ce point avec d'autant plus d'à-propos que le chapitre suivant s'ouvre sur la grossesse de Sarah. Il ne manquait plus que la naissance d'Isaac soit perturbée par des soupçons de ressemblance avec Abimelekh, ce qui aurait été fâcheux pour la suite du récit. Fort heureusement, la vertu était sauve !

La première larme qui a coulé sur les joues d'un personnage de la Bible, c'est celle d'Agar. La séquence est racontée non sans rectitude ni sensibilité. « Éloigne cette servante et son fils, car le fils de cette servante n'héritera pas avec mon fils, avec Isaac. » Aux yeux de Sarah, Agar et Ismaël n'ont pas de nom. Ils sont « la servante » et « le fils de la servante ». Dieu se met de son côté, rassure Abraham, le presse d'entendre les arguments de sa femme, et affirme qu'Isaac sera le fils de la promesse mais que « le fils de la servante » aura un brillant avenir et sera un grand peuple, issu de la même lignée.

Les larmes d'Agar sont fortes, elles sont désespérées, elles sont bouleversantes. Rien ne nous est dit explicitement des tourments d'Abraham, des tempêtes sous un crâne, des hésitations, mais on nous décrit des gestes. Abraham se lève tôt, il prend un sac de pains, une gourde d'eau qu'il tend à Agar et qu'il met sur ses épaules. La place-t-il sur ses épaules parce qu'elle refuse de la tenir entre ses mains ?

Les secondes larmes de la Bible sont celles d'Esaü, mais il y en aura d'autres, beaucoup d'autres. On rit peu dans la Bible, mais on pleure beaucoup.

Dans toute la Bible, il n'y a qu'un seul rire. C'est le premier et le dernier, celui d'Abraham et de Sarah qui, dans leurs vieux jours, apprennent soudainement qu'ils vont avoir un fils et sont pris d'un rire en deux temps. Lui d'abord et elle ensuite, mais à si peu de distance et pour la même raison, en sorte qu'on associe ces deux rires, comme s'il s'agissait d'un seul. On nous dit qu'Abraham tombe littéralement par terre, non pas comme le fera plus tard son fils Isaac à la vue de Rebecca sa promise, mais à l'annonce par Dieu de ce qu'il prend d'abord pour une galéjade. Quant à Sarah, elle écoute aux portes pendant que son mari accueille trois hôtes qui viennent lui rendre visite en plein soleil, sous la tente d'Eiloné Mamré, et entend distinctement l'annonce d'une prochaine naissance. Elle est secouée par un rire né de l'incrédulité, du soupçon, du refus de croire, comme si on lui avait fait une bonne blague.

Pour couronner le tout, cet enfant de la rigolade portera dans son nom même les traces de ce double et unique fou rire de Sarah et d'Abraham.

Le premier prophète, serait-ce Abraham ? Dans l'épisode d'Abimelekh, le roi de Garar, il est dit que Dieu lui apparut en songe pour lui demander de rendre sa femme à l'homme « car c'est un prophète ». Mais le qualifier ainsi, n'est-ce pas passer outre un peu facilement le fait qu'au prix d'un mensonge, il a commencé par présenter son épouse comme une sœur. Quoi qu'il en fût, on ne retrouvera plus dans la Bible ce qualificatif accolé à Abraham.

Serait-ce Aaron, dont il est dit qu'il servira de prophète à Moïse – « Toi, tu diras ce que je te prescrirai, et Aaron ton frère parlera au Pharaon » ? Autrement dit, le prophète serait celui qui parle au nom de Dieu.

Serait-ce Moïse lui-même dont la Bible dit explicitement qu'« il n'y a pas eu de prophète comme Moïse en Israël, que Dieu connut de visage à visage » ? Du temps de Samuel, et même du temps d'Isaïe et d'Amos, on les appelait des « voyants » ou des « prévoyants ».

Il y avait aussi les prophètes moraux, ceux qui se tenaient face aux rois et face aux prêtres, face aux riches, aux corrompus, au besoin face au peuple tout entier. Ils tonnaient contre l'injustice, l'iniquité, la misère, la pauvreté. Parfois, ils pouvaient se montrer tout à la fois critiques envers le pouvoir et proches de lui (on a déjà vu cela sous d'autres cieux).

Shalev n'aime pas beaucoup le prophète Samuel. Il lui reproche de s'être adonné surtout à l'activisme religieux, quand Moïse s'est illustré en laissant les Dix commandements. D'avoir aimé le pouvoir quand Moïse le détestait au fond de lui. D'avoir cumulé les fonctions de prophète et de prêtre quand Moïse se tenait éloigné de la prêtrise…

Celui qui a sa préférence, c'est encore Jonas qui ne s'est pas voulu prophète justement et s'est contenté de la plus courte des prophéties : « Encore quarante jours, et Ninive sera détruite ! » On ne peut pas faire plus laconique.

À chaque bulle, son époque !

Le rêve inachevé

Comment Robert Hossein s'est-il pris de passion pour la figure de Moïse ? Je m'étais promis de rapporter ce témoignage, et je le fais avec une grande tristesse, et aussi la joie d'avoir connu cet homme, et d'avoir partagé quelques rencontres de travail avec lui autour d'un projet auquel il tenait et par lequel confusément, sans jamais le dire, il voulait achever son œuvre et y mettre un point final en forme d'apothéose.

C'était quelques années avant sa mort. J'ignore comment le contact s'était fait entre nous et comment il en est venu à me demander de travailler avec lui sur un synopsis consacré à la vie de Moïse. Je n'en ai pas gardé le souvenir. J'étais naturellement très impressionné. L'homme qui avait mis en scène Jésus, Jean-Paul II, Danton et Robespierre, Jean Valjean…, dont le nom était associé au théâtre populaire et au grand spectacle vivant, voulait s'attaquer à un personnage à la hauteur de sa démesure. Et il voulait le faire à sa manière, évidemment.

Nous nous sommes vus à plusieurs reprises, soit au bar d'un hôtel où il avait ses habitudes, soit chez lui, aux environs de la place de l'Étoile à Paris.

Ayant pris soin de revoir *Les Dix commandements* de Cecil B. DeMille (je raconterai une autre fois mes souvenirs d'enfance liés à ce film, regardé en images morcelées, par le balcon de ma maison situé en face du cinéma « L'Arc » à Casablanca, souvenirs d'enfance partagés avec le regretté Claude-Jean Philippe), je m'attelai à la tâche et apportai à Robert Hossein un début de synopsis. Douze tableaux racontant l'histoire de Moïse avec un titre dont je n'étais pas peu fier mais qui n'eut pas l'heur de susciter un fort enthousiasme : « Me voici ! » Lui aurait préféré « L'homme qui écartait les mers. » C'est même la scène qu'il tournait constamment dans sa tête et qui l'avait définitivement arrimé au projet. Il était venu un matin tout excité, en clamant : « Ça y est, je le tiens, j'ai l'homme qu'il nous faut. » Mais quoi ? De quoi s'agit-il ? « Je vous dis que je l'ai, j'ai celui qui va réussir à écarter les mers ! » La scène se passait rue Galilée, dans son bureau. Ghislaine n'était jamais très loin, toujours à portée de voix (Ghislaine, fille de Justes qui était accrochée au sujet et voulait y apporter sa propre touche). Lui, frais, volubile, passionné et concentré comme toujours. Il arrivait directement d'Évian. Le Châtelet ? Le Palais des Sports ? Le Palais des Congrès ? Il lui fallait imaginer un lieu avant même de parler du contenu (il s'emmêle dans les dates et Ghislaine le corrige). Le lieu, c'est d'abord ce qui le préoccupe avant toutes choses.

Il saisit mon synopsis, avertit qu'il ne faut pas que ce soit trop philosophique ou trop littéraire (il connaît mes tropismes). Il prend les feuillets, picore, perçoit les failles. Non, il ne faut pas évoquer l'ânesse de Balaam, cela va détourner du sujet central. Aura-t-il la force d'aller au bout ? Je crois sur le moment qu'il l'a. Il en a très envie. On verrait bien. Il va me donner les textes de son *Jésus* et du *Ben-Hur*, réalisés avec Alain Decaux, pour que je m'en inspire.

Je me risque à lui dire, en blaguant, qu'après Jésus et Moïse, il va être bon pour être sollicité pour un *Mahomet*. Il me répond qu'il n'y a pas de chance ni de risque, l'islam refusant de donner au Prophète une représentation.

Il allait aussi soigner la fin. C'était important la fin, la mort de Moïse. Et pour quelle faute ? Une faute vénielle, une faute d'inadvertance, d'incompréhension. Une faute mineure pour laquelle il ne s'attendait probablement pas à un tel châtiment. Moïse mène son peuple dans le désert. Le passage de la mer Rouge est déjà accompli. Une bonne partie du chemin a été parcourue. Myriam vient de mourir et le peuple arrive à Kadech, dans le désert de Sin. Le peuple a soif et il n'y a plus d'eau. Moïse lève les yeux au ciel. Dieu lui commande de prendre son bâton – c'est dans le texte expressément – et d'aller parler au Rocher. Ce qu'il ne se contente pas de faire. Il va frapper le Rocher de son bâton et faire jaillir l'eau en abondance. Voilà la faute en tout et pour tout, avoir joint l'acte à la parole. Avoir actionné son bâton en même temps qu'il parlait au Rocher. Avoir aménagé une mise en scène spectaculaire pour impressionner la foule.

Cette fin, Robert Hossein l'aime beaucoup, plus encore que le baiser de Dieu et le retrait dans la montagne dans un coin inconnu des hommes. Elle est pour lui et il va la soigner. Il y mettra de l'ampleur, une gestuelle, un apparat, une grandeur. Il va trouver et reconstituer ce rocher qui, sous l'effet d'un coup de bâton magique, va faire jaillir de l'eau claire comme de l'eau de roche.

C'était son dernier projet. Y a-t-il renoncé ? Je n'ai jamais su très bien. Cela restait en pointillé. C'était là quelque part dans sa tête. Ce Moïse qu'il imaginait haut en couleur aura fait partie des envies inassouvies qui l'auront sûrement aidé à tenir debout encore quelques années. À moins qu'il ne nous ait quittés avec ce regret, avoir trouvé l'homme qui allait écarter les mers avec ses bras, et pas assez de bras pour financer son dernier rêve.

Salut à vous, M. Robert Hossein ! La conversation s'est interrompue, mais parmi vos admirateurs, nombreux et fervents, il s'en trouvera peut-être qui voudront prolonger ce rêve qui fut le vôtre et qui est resté inachevé.

Une parenthèse exquise

Mais alors, qu'avait le maître de si précieux qu'on ne trouvait chez personne d'autre que lui ?

Qu'est-ce qui a fait à la fin que des générations d'élèves qui se sont succédé au long des années et des décennies ont conservé dans la tête une petite musique qui n'appartenait qu'à lui ? Comment réussir à retrouver, par-delà les mots qui se sont perdus dans les sables, l'approche, la manière, la touche, le noyau dur, l'irréductibilité ?

La Bible et Rachi, fondus l'un dans l'autre, inséparables l'un de l'autre.

L'approche universaliste.

L'accès aux textes d'abord par l'hébreu, par sa langue, par son univers.

Le premier effort de traduction qui ouvrait les deux espaces et les faisait pénétrer l'un par l'autre.

Le premier questionnement, le premier étonnement par quoi s'ouvrait la réflexion sur le verset.

La réduction du cours à une vingtaine de minutes, le temps de faire un zoom sur un verset ou deux, d'installer le texte, d'en tirer la substantifique moëlle et de finir sur un trait d'humour ou une échappée philosophique.

Dépasser vingt minutes, c'eut été laisser la place aux interrogations, aux demandes de précisions, aux échanges alors que l'exercice strictement dimensionné voulait éviter tout débordement, tout bavardage, toute platitude.

L'humour toujours présent, à fleur de mots, en passant, appuyé d'un rire.

La façon de débanaliser l'existence, c'était son maître mot.

Il enseignait et transmettait un judaïsme moderne, dont il était lui-même une extraordinaire incarnation. Un judaïsme ouvert au monde, à la littérature, aux débats de l'heure, et en même temps ancré dans une tradition.

Pourquoi les rares personnes qui ont cherché à porter par écrit les souvenirs de ces cours ont-elles rarement réussi dans leur entreprise ? Pourquoi le passage de l'oral à l'écrit, s'avérait-il la plupart du temps un échec ? Pourquoi le charme se dissipait-il dès lors qu'on voulait coucher par écrit les scènes auxquelles on avait assisté ? Pourquoi lui-même n'a-t-il jamais pris soin de conserver la trace des conférences du samedi matin ? Était-ce parce qu'il avait décidé, au plus profond de lui, que ces notes devaient rester en l'état, dans leur statut d'enseignement oral ?

C'était un éducateur, et il se montrait sous ce jour aussi au moment de ces cours. Un éducateur qui avait pour principe de veiller à ne jamais chercher à prendre possession du corps ou de l'esprit de l'élève placé sous sa responsabilité, mais de lui laisser l'espace de sa propre liberté.

Ainsi était « M. le directeur », le maître, l'éducateur, le philosophe. Il était chaque chose séparément et tout cela à la fois. Accueillir dans sa semaine ces vingt minutes, c'était se laisser porter par une parenthèse exquise.

C'est la seconde fois au cours de ma vie – je ne crois pas qu'il y en aura une troisième – que j'essaie de raconter les cours du samedi à Auteuil, sans avoir le sentiment d'y parvenir, et même en ayant la sensation de rater la cible.

Je crois que je sais faire vivre le personnage. Il me semble que je parviens – à force de tenter et retenter l'exercice – à restituer l'atmosphère du cours. Je crois aussi que je connais et pressens maintenant le cœur de sa philosophie. Je la devine même un peu avant qu'elle ne soit formulée.

Mais le cours en lui-même m'échappe dès lors que j'entreprends d'essayer d'en transmettre les détails, comme il échappe je crois à tous ceux qui l'ont suivi de manière fidèle ou intermittente.

Ai-je au moins rendu un peu de la musicalité de ces cours ? Ce que je sais, c'est que celles et ceux qui se sont salués en disant « Samedi prochain à Auteuil » se reconnaissent entre eux longtemps après, comme une confrérie des habitués. Ils n'ont pas conservé grand-chose du contenu du cours, mais un peu de cette mélodie est restée dans leurs têtes.

Un mot sur l'amour de l'hébreu. J'en sais quelque chose puisque l'échange de lettres entre mon père, qui vivait à l'époque au Maroc, et le directeur de l'Enio s'est fait en langue hébraïque. Tous deux éprouvaient beaucoup de plaisir à converser en hébreu. Et tous les deux s'émerveillaient devant moi en montrant ces lettres. Cette correspondance entre les deux hommes marqua mon entrée au lycée et mon premier contact avec l'école.

« Ma Bible est une autre Bible. » Notre maître pourrait-il dire la même chose ? Je ne crois pas.

Sa Bible est la Bible de tous, mais il s'insérait à sa manière dans le fleuve des commentaires pour la revivifier, la transmuer, l'élever. Et dans sa manière, il y avait une sorte d'improvisation, sans doute calculée, sans doute réfléchie, mais on avait l'impression d'assister à la pensée en train de se faire sous les yeux du public. Le fameux « se-faisant » de Bergson. L'impression aussi d'un motif évoluant à la façon d'une partition musicale, toujours avec le moment de rupture, juste avant le crescendo final. C'est-à-dire qu'il avait installé un socle, et puis soudainement il vous le retirait sous les pieds. C'était une sensation très agréable.

Il disait parfois, reprenant une idée chère à un de ses maîtres, que c'étaient les livres qui soutenaient le monde, eux qui maintenaient vivant le souffle de la vie.

Sans les livres, le monde s'effondrerait tout simplement et tournerait au chaos.

Le besoin et le manque

Je veux encore faire un détour par une figure familière de mon enfance. Il a le pas léger, le regard bleu, le roulement des « r » qui trahit les origines espagnoles. Il adore chanter, évoquer les vieilles comptines des Éclaireurs israélites de France, du temps où son totem était « Lama » et où il entonnait joyeusement « Le matin, tout resplendit, tout chante, le ciel est bleu, la terre flamboie. »

Il s'appelle Benito, comme Spinoza ou comme Mussolini, mais il préfère qu'on l'appelle Baruch, le béni. Il n'a jamais assisté aux leçons bibliques du samedi matin, mais il a fait partie du groupe dit « des talmudistes » de l'Enio qui se réunissait tous les mercredis soir autour du maître et autour de son ami le plus proche, gynécologue et strasbourgeois qui savait mieux que personne presser le philosophe pour en tirer le suc.

Ces cours ont été pour lui une « révélation » dont il a su tirer profit tout au long de son parcours au Maroc où il a formé des générations d'élèves, en Espagne où il a été grand rabbin de Madrid, puis producteur d'une émission de télévision, puis une des figures de colloques interreligieux accueillis par la reine Sophie, et enfin en Israël où il s'est installé dans une ville coquette de la périphérie de Tel Aviv où il continue à distiller autour de lui les enseignements accumulés d'un lieu à l'autre.

Beaucoup d'anciens élèves qu'il a formés, se tournent de plus en plus en plus vers lui pour lui demander pour quelle raison cette école française de la rigueur, de la mesure, de l'ouverture, de l'intelligence des textes n'a pas fait souche. Pour quelle raison cette expérience si particulière propre au village d'Auteuil n'a pas connu un prolongement et un accomplissement aux quatre coins du monde. Pour quelle raison cette façon de lire la Bible en cherchant dans chacun des versets le moment universel du texte, n'a pas connu une seconde jeunesse et un second souffle dans des lieux où le judaïsme religieux préfère le Talmud à la Bible et où il a surpris un jour des étudiants de yeshiva parler de « Rabbi Isaïe » et « Rabbi Jérémie », comme si le qualificatif de « prophète » n'était pas suffisamment digne à leurs yeux pour qu'il faille tout d'un coup lui préférer celui de rabbin.

Dans ce café de Raanana où il se fait un point d'honneur à faire la queue pour me servir une boisson – « Après tout, je fais honneur à mon nom » –, Bénito Garson prend soin de faire sa bénédiction d'avant et d'après boire, et comme à son habitude, il entreprend d'isoler un mot de cette bénédiction pour en méditer le sens : « Béni sois-tu qui a créé de nombreuses âmes et leurs manques… »

De quels manques s'agit-il ? Est-ce le fait de les avoir créés inachevés ? Ou n'est-ce pas le fait d'avoir creusé un manque en eux, d'avoir suscité un besoin qui leur fasse tourner le regard vers le ciel et rechercher une manière de spiritualité dans le simple fait de manquer. Comme dans la phrase de Haïm de Volozhin si souvent citée par le maître : « Les besoins matériels de l'autre sont des besoins spirituels pour moi. »

C'est vrai qu'au fil des ans, personne ne se souvient plus de rien. Les traces se perdent. Les souvenirs se brouillent. Ici et là, des anecdotes surnagent. Des bouts de bouts de commentaires s'échangent entre fidèles d'une péricope à l'autre. Celles et ceux qui ont gardé des notes ne savent plus deviner à quels passages elles renvoient ni ce qu'elles signifient. Sinon ceci qui reste vivace.

Que le judaïsme est un humanisme. Qu'il n'y a rien de meilleur que celui ou celle qui donne un sens à ce qui advient. Qu'il n'y a rien de plus choquant que d'entendre – je l'ai entendu – dire qu'il n'est pas un seul verset de la Bible qui soit porteur d'universalisme. Nous sommes nombreux à avoir appris le contraire de la bouche du maître. Qu'il faut toujours rejeter de toutes ses forces le folklorique, le paroissial, l'inessentiel, et privilégier dans sa lecture le littéraire, l'artistique, l'herméneutique.

Parallèlement à son œuvre philosophique propre, qui n'a jamais cessé, le maître a développé cet enseignement hebdomadaire sur la Bible et sur Rachi. Œuvre d'exégèse ? D'interprétation ? D'herméneutique ?

Il dit

Il dit que toute personne est élue.

Il dit que le monde de la Bible est un monde de visages.

Il dit aussi que le rapport au divin traverse le rapport avec les hommes.

Il dit que les prophètes ne se soucient pas de l'immortalité de l'âme, mais de la veuve, de l'orphelin et de l'étranger.

Il dit que la Bible ne veut pas d'un monde où chacun existe pour soi et où tout est permis, elle ne veut pas d'un monde où je suis l'égal de l'autre, elle préfère que je sois son obligé.

Il dit que le judaïsme s'est toujours voulu universel, en décidant de rattacher le divin au moral.

Il dit que le juif n'est qu'une des définitions de l'humain.

Il dit que le christianisme n'est plus une tentation pour les juifs, ce n'est plus un danger, et c'est la raison pour laquelle ils peuvent désormais s'exprimer librement sur le sujet.

Il dit aussi que la religion n'est pas la philosophie, l'une procédant de la consolation et l'autre de l'étonnement, les deux domaines n'ayant rien à voir l'un avec l'autre, mais l'un et l'autre surgissant dans le même terreau.

Il dit qu'il ne faut pas se contenter d'une pensée émue, il faut lui préférer une pensée exigeante.

Il dit qu'il faut s'assurer des lieux de transmission, que ce sont ces lieux-là qui préservent la pensée et protègent la vie de l'esprit.

Ses exercices d'exégèse biblique, il les mena pratiquement toute sa vie, sans jamais pour autant quitter le territoire de la philosophie et sans jamais abandonner son travail sur l'éthique, sa passion du rapport à l'autre et son obsession du visage.

J'ai découvert cet homme il y a maintenant plus de cinq décennies. Bien de l'eau a coulé sous les ponts. Il lui est arrivé de me désarçonner. Il y eut des périodes de désaffection et même des ruptures quand ses idées me paraissaient déconnectées d'avec les expériences que je vivais. Mais il n'a jamais quitté mon horizon. J'ai aimé le philosophe. J'ai aimé par-dessus tout qu'il fût fidèle, du début à la toute fin, à l'approche phénoménologique – « revenir aux choses elles-mêmes » – qui reste aujourd'hui un merveilleux rempart contre les dérives des temps présents.

Quand on voudra un jour revenir sur toute cette période d'après-guerre dite « existentialiste » – ce que fit il y a peu une jeune auteure anglaise dans un livre revigorant (Sarah Backevell, *Au café existentialiste*, paru en 2018 chez Albin Michel), galerie de portraits de tous les penseurs de l'époque moderne, on s'apercevra peut-être, au rebours des moqueries qu'elle suscite désormais, que ce fut une époque passionnante.

Ce qui en reste ? Beaucoup de choses, mais entre autres, la figure d'un homme discret qui a marqué profondément la période. La place de son exégèse biblique à laquelle est consacré cet ouvrage, n'est pas la moindre de ces marques.

Épilogue

Passage de relais

Y a-t-il une place pour une catégorie de l'ennemi dans son œuvre ? Y a-t-il un moment où la cohérence de tout ce qu'il écrit se heurte à sa propre expérience, au parcours de sa vie, ou simplement au fracas de l'actualité ? Y a-t-il des circonstances dans lesquelles on a envie de dire « Oui, me voici, je suis là, je suis présent » et je réponds à l'appel d'autrui qui me fait advenir à moi, tout en laissant la place à d'autres circonstances où je n'ai pas envie d'être là, où je ne suis pas, tout simplement ?

Bien sûr qu'il y a ce problème de la cohérence. Mais qui a dit qu'une œuvre devait être jugée absolument et à tout instant à l'aune de la cohérence ? Qui a dit que le splendide univers conceptuel qu'il a bâti devait obligatoirement être exempt de revers ? Il y a des livres, il y a des cours, il y a une œuvre. Inachevée. Inaboutie. Contradictoire. Il a laissé des angles morts. Jamais rien écrit sur la foule. Jamais conduit très loin son idée de « tiers ». Jamais précisé le statut qu'il donnait à ses lectures bibliques. Jamais donné à réfléchir sur ces occurrences où l'altérité se heurte à un « non possumus », à ces moments où il faut faire des choix cruels.

Même s'il n'appartenait pas au courant existentialiste et ne s'en réclamait pas, il était plongé dans ce climat de l'époque. Certaines problématiques qui étaient dans l'air se retrouvaient dans des dilemmes cruels.

Telle cette anecdote que rapporte Sartre et qui se passe à la sortie de l'occupation nazie en France. Un étudiant vient demander conseil auprès du père de l'existentialisme. Il a perdu son frère en 1940. Son père est devenu collaborateur en abandonnant au passage le domicile familial. Lui-même voulait rejoindre les FFC, ne pouvait laisser sa mère seule, étant son unique soutien. Que faire ? Il était perdu, ne savait pas quelle option choisir.

Sartre écoute le jeune homme et lui dit qu'il ne peut pas décider pour lui, qu'il lui appartient de choisir librement, de tracer sa route, d'inventer son propre chemin.

Inventer son propre chemin ? Il en avait de bonnes, le père Sartre. Lui qui, à la fin de sa vie, s'était tout d'un coup mis en quête désespérée d'un traité de morale qu'il s'était promis d'achever et dont il n'était jamais venu à bout.

Qu'aurait dit le maître devant les terribles secousses où il est arrivé que l'humain se défasse ? Qu'auraient valu toute sa philosophie et tous ses cours, et tous ses commentaires devant des hordes fondant sur leurs semblables, dépeçant, massacrant, violant, égorgeant ? De quel poids pèserait son œuvre face au déchaînement de passions animales ? À quoi aurait servi toute cette belle architecture spéculative devant la mort programmée, ravageant tout sur son passage, faisant fi de tout ce que l'humanisme a produit de meilleur.

L'humain défini par l'attention à l'autre ? L'éthique, philosophie première ? Autrui passant avant moi ? On dira que tout cela ne tenait pas, n'avait jamais tenu, ne tiendrait jamais.

L'autre, l'autre, l'autre… Il n'avait que ce mot à la bouche. Et si l'autre était un salaud, une fripouille, un sanguinaire, un terroriste, un dictateur ? Faudrait-il le placer avant soi et lui tendre la joue ?

Qu'eût-il fallu pour répondre à des massacres ? Ne rien faire ? Mais cela aurait été impossible et même criminel, c'eût été trahir la confiance de la population et le devoir de protection. La vengeance ? Rendre coup pour coup ? Laver dans le sang l'irréparable outrage ? Laisser les morts enterrer les morts ? Abandonner des pans entiers d'une tradition éthique qui s'était construite au fil des siècles, une brique après l'autre, et dont parfois il arrivait qu'on le crédite d'être l'inspirateur ?

Nous en sommes là. Le maître n'est plus là pour répondre à ces questions qui restent ouvertes si longtemps après sa mort. Il faut se débrouiller avec les écrits, et se dépatouiller avec le souvenir de ces lectures bibliques dont il faut espérer un jour que des notes miraculeuses et plus fidèles que les miennes, surgiront de quelque part et raconteront – mieux que je n'ai su le faire – les rendez-vous des samedis à Auteuil. L'auteur de ces lignes n'a fait que puiser dans sa mémoire et retrouver, dans les pages d'un journal intime tenu dans sa prime jeunesse et découvert un jour en rangeant des papiers – quelques bribes qu'il a tenté de faire revivre de manière impressionniste – en suivant son inspiration et en se gardant de mettre des guillemets. Elle est belle, cette expérience qui consiste à retrouver un journal de la fin de son adolescence et à tenter de mesurer ses sensations du moment avec l'homme qu'on est devenu.

« Samedi prochain à Auteuil » fut la phrase de ralliement de plusieurs générations d'élèves. Elle demeure aujourd'hui pour beaucoup une sorte de madeleine proustienne, ou comme dirait Erri de Luca un « noyau d'olive » qu'on garde dans la bouche longtemps après que la saveur a disparu.

Pour le reste, il va de soi que toute ressemblance entre les personnages de ce journal et la réalité n'est pas fortuite, elle est délibérée. J'ai tenu néanmoins à conserver l'ambiguïté telle qu'elle figurait initialement dans la forme originelle – peut-être devrais-je dire dans le « noyau » originel du journal intime.

J'ai fini par me résoudre à ne pas écarter tout ce qui ne relevait pas du cours proprement dit et avait trait aux à-côtés ou à la dimension pour le coup plus intime.

J'ai beaucoup hésité là-dessus, mais l'image de la « bulle » qui m'est venue très tôt et m'était très chère, s'est imposée à moi. Cette image, sera-t-elle partagée par les autres habitués du cours, ou est-ce une expérience propre, renforcée par le voisinage à Auteuil ?

Il se trouve que je n'ai jamais quitté le quartier et aux rares occasions où je m'en suis éloigné, des circonstances m'y ont ramené immanquablement. J'ai fait mes études dans ce quartier. Ma femme y est née. Mes deux enfants y ont été élèves au lycée, même s'ils n'en sont pas de grands défenseurs.

Pour le reste, je jette ce journal comme une bouteille à la mer, en formulant l'espoir très fort que les lecteurs du livre, ou ceux qui se reconnaîtront parmi les anciens fidèles, saisiront le relais et compléteront l'histoire à leur manière.

Les années ont passé. Je n'ai pas quitté le quartier, mais j'ai cessé progressivement d'aller à l'Enio. J'ai fait comme mon frère Victor, j'empruntais l'itinéraire habituel comme par automatisme, et puis tout d'un coup, je bifurquais et me retrouvais dans la direction opposée, en route vers une autre synagogue du quartier. La peur d'être pris par la nostalgie me faisait faire demi-tour, et aussi la peur de tomber sur une autre faune, d'autres visages, un autre environnement.

Longtemps, j'ai continué à faire exception pour le jour de Kippour, mais cela même a fini par s'estomper. Désormais, je vais ailleurs, là où je parviens facilement à éviter de croiser tous les anciens du quartier, les fidèles avec lesquels j'aurais pu partager les cours d'antan.

Le manque est toujours là. Rien ne vient combler le vide. Mais je n'ai plus sous les yeux les mêmes images. Juste quelques mélodies qui reviennent en bouche. Quelques vieux airs qui rassurent.

Que reste-t-il à la fin, une fois que le tamis du temps a fait son œuvre ?

Les souvenirs de l'œil. L'intelligence des textes. La force de l'herméneutique. L'amour de la philosophie. La Bible comme inspiration. La péricope comme repère. Rachi et sa boussole inchangeable. Et puis les vertus du scepticisme. Le superficiel de l'éloquence. La méfiance du par-cœur. La discipline de l'étude. Les joies de l'étonnement. Le plaisir d'apprendre…

Demeurent des questions restées en suspens. Comme celle de la croyance qui nous taraudait quand nous étions à l'école et dont nous sentions qu'elle trouvait un écho chez lui. Au fil du temps et au gré des cours, nous devions finir par nous apercevoir que cette question était indifférente pour lui. Elle le devint pour nous aussi. Tout se passait comme si elle n'avait aucune importance. Avez-vous la foi ? Croyez-vous en Dieu ? Croyez-vous au caractère sacré de la Bible ? Croyez-vous dans le monde futur ? Ce sont des questions que nous ne nous posions pas à l'époque. Ni en classe. Ni pendant les cours du samedi. Ni dans des échanges avec le directeur. La foi n'était pas fondamentale. Elle n'était pas nécessaire. Elle n'était pas utile.

Et il reste aussi le quartier qui est toujours là, qui porte la mémoire de ce qui fut, mais qui a changé depuis l'époque de mes jeunes années. Les résidents d'Auteuil ne sont plus les mêmes depuis l'époque lointaine où une artiste de cinéma adulée qui voulait changer d'atmosphère traversait une rue bordée d'arbres pour aller s'installer à sa table d'habituée en faisant résonner sa voix gouailleuse.

On voyait aussi la rue d'Auteuil, une fois l'an, le jour de Kippour, prendre des allures méditatives, avec quelques boutiques çà et là, qui affichaient sur leurs devantures « Fermé pour bilan ». On observait telle grande signature du *Figaro* faisant sa gymnastique matinale le dimanche matin, en pleine rue, au croisement de la rue Molitor et de la rue Michel-Ange. On apercevait aussi tel grand spécialiste de Maïmonide qui faisait sa grande marche dominicale dans les jardins du Ranelagh, son épouse à son bras. Sans parler, en remontant plus loin, du kiosque à journaux devant la station de métro, où tous les jours, qu'il pleuve ou qu'il vente, avec une régularité de métronome, le philosophe descendait de sa tour pour acheter le journal *Le Monde*. Et sans omettre non plus de réserver la place qui lui revient à la statue de Moïse, exacte réplique de celle de Michel-Ange, qui trônait dans l'arrière-cour de l'école mais qu'on pouvait apercevoir aussi de l'extérieur, depuis la rue d'Auteuil. Exacte ne convient pas parce que la réplique a fort heureusement débarrassé la figure du grand homme des cornes ridicules que lui avait fabriquées le génial artiste de la Renaissance.

Mes enfants ont raison, le quartier s'est banalisé. Pour les plus jeunes, d'autres bulles ont pris la place de la nôtre. Pour les plus anciens, quelque chose continue de flotter néanmoins dans l'air. La trace évanescente d'un parfum. Pour les uns comme pour les autres, d'une génération à l'autre, qui peut connaître les sentiers compliqués de la transmission ? Qui peut jurer qu'il ne subsistera pas demain, peut-être même après-demain, le souvenir d'un souvenir, tenace et persistant ?

Table des matières

numérique

Imprimé en France

Composition : Nord Compo
N° d'imprimeur : N09137240906
Achevé d'imprimer : septembre 2024
Dépôt légal : octobre 2024

IMPRIM'VERT®

PEFC
10-31-3532